CATALOGUE
DE LIVRES

BIEN CONDITIONNÉS

SUR LES

BEAUX-ARTS

ET D'UNE COLLECTION D'OUVRAGES SUR

L'HISTOIRE DE PARIS

PROVENANT DE LA BIBLIOTHÈQUE DE M. A. DE LA VILLEGILLE

DONT LA VENTE AURA LIEU

LE LUNDI 24 MARS ET LES TROIS JOURS SUIVANTS

Rue des Bons-Enfants, 28 (Salle n° 2).

Par le ministère de Me JUST ROGUET, commissaire-priseur,

Rue de Rivoli, 102.

Les Arts somptuaires. — Dictionnaire du Mobilier et Dictionnaire d'Architecture de Viollet-le-Duc. — Histoire des Arts industriels, par Ju[illegible] Labarthe, édition de luxe, texte tiré in-4°. — L'Architecture du Ve au XVIIe siècle, de Gailhabaud — L'Art pour tous. — Palais, Châteaux, Hôtels du XVe au XVIIIe siècle, par Cl. Sauvageot. — Gazette des Beaux-Arts. — Glossaire de Ducange, 10 vol. in-folio. — Eléments de Paléographie de Nat. de Wailly. — Sauval. Antiquités de Paris. — Statistique monumentale de Paris, par Alb. Lenoir, etc., etc.

PARIS

ANTONIN CHOSSONNERY, SUCCESSEUR DE J.-F. DELION

Libraire de l'École spéciale des langues orientales vivantes

47, QUAI DES GRANDS-AUGUSTINS, 47

1873.

CATALOGUE
DE LIVRES
BIEN CONDITIONNÉS
SUR LES
BEAUX-ARTS
ET D'UNE COLLECTION D'OUVRAGES SUR
L'HISTOIRE DE PARIS
PROVENANT DE LA BIBLIOTHÈQUE DE M. A. DE LA VILLEGILLE

DONT LA VENTE AURA LIEU

LE LUNDI 24 MARS ET LES TROIS JOURS SUIVANTS

Rue des Bons-Enfants, 28 (Salle nº **2**).

Par le ministère de Mº JUST ROGUET, commissaire-priseur,

Rue de Rivoli, 102.

Les Arts somptuaires. — Dictionnaire du Mobilier et Dictionnaire d'Architecture de Viollet-le-Duc. — Histoire des Arts industriels, par Jules Labarthe, édition de luxe, texte tiré in-4º. — L'Architecture du Vᵉ au XVIIᵉ siècle, de Gailhabaud — L'Art pour tous. — Palais, Châteaux, Hôtels du XVᵉ au XVIIIᵉ siècle, par Cl. Sauvageot. — Gazette des Beaux-Arts. — Glossaire de Ducange, 10 vol. in-folio. — Eléments de Paléographie de Nat. de Wailly. — Sauval. Antiquités de Paris. — Statistique monumentale de Paris, par Alb. Lenoir, etc., etc.

PARIS

ANTONIN CHOSSONNERY, SUCCESSEUR DE J.-F. DELION

Libraire de l'École spéciale des langues orientales vivantes

47, QUAI DES GRANDS-AUGUSTINS, 47

1873.

Ordre des Vacations :

1re VACATION. — LUNDI 24 MARS.

Théologie. — Sciences et Arts.	1 à 141
Histoire	528 à 557
Beaux-Arts	142 à 169

2e VACATION. — MARDI 25 MARS.

Belles-Lettres	243 à 320
Histoire de Paris	691 à 807

3e VACATION. — MERCREDI 26 MARS.

Belles-Lettres. — Romans. — Contes. — Facéties. .	321 à 410
Histoire	411 à 527

4e VACATION. — JEUDI 27 MARS.

Histoire de Paris	601 à 690
Histoire. — Biographies. — Bibliographie	558 à 600
Beaux-Arts	170 à 242

CONDITIONS DE LA VENTE :

Les livres vendus devront être collationnés sur place dans les vingt-quatre heures de l'adjudication. Passé ce délai, ou une fois sortis de la salle de vente, ils ne seront repris pour aucune cause.

Les acquéreurs payeront, en sus du prix d'adjudication, cinq centimes par franc, applicables aux frais.

Il y aura exposition de deux à quatre heures.

Le libraire chargé de la vente remplira les commissions des personnes qui ne pourraient y assister.

CATALOGUE

DES

LIVRES BIEN CONDITIONNÉS

PROVENANT DE LA BIBLIOTHÈQUE

DE M. A. DE LA VILLEGILLE.

THÉOLOGIE

ÉCRITURE SAINTE ET LITURGIE.

1. La Sainte Bible traduite en français sur la Vulgate. *Bruxelles, Fr. Foppens*, 1700, 3 vol. in-4, v. gr.

2. La Sainte Bible illustrée, par Lemaistre de Sacy, illust. de gravures sur acier. *Paris, Curmer,* 5 vol. in-4, et un atlas de pl., dos et coins de maroquin du Levant, tr. sup. dor.

3. La Sainte Bible illustrée par Gustave Doré. *Tours, Mame,* 2 vol. gr. in-fol., cart.

4. Concordantiæ bibliorum utriusque testamenti veteris et novi. *Lugduni*, 1616, gros in-4 parch.

5. Les Proverbes de Salomon, expliquez en forme de paraphrase, par N. Guillebert. *Paris*, 1633, fort vol. in-12, front. gravé, rel. vélin.

6. Eloges des Personnes illustres de l'Ancien Testament à l'usage de mons. le duc de Bourgogne. *Paris,* 1688, in-8, fig., dem.-rel.

7. Le Nouveau Testament de Notre Seigneur Jésus-Christ, traduit en français selon l'édition vulgate, avec les différences du grec. *Mons. Gaspard Migeot*, 1668, 2 vol. in-12, réglé, mar. n., tr. dor. (*anc. rel.*).

8. Horæ precationum regiarum. *Lugd.*, 1583, in-16, fig. sur bois, v., ant. tr. dor.

9. Lerclamation des os Sainct Innocent. *S. l. n. d.*, pet. in-8 de 8 ff., v. f., fil., tr. dor.

Réimpression figurée, imprimée sur peau de vélin.

THÉOLOGIE DOGMATIQUE ET MYSTIQUE.

10. Jésus Christ et sa Doctrine, par Salvador. *Paris*, 1838, 2 vol., in-8, dem.-chagr.

11. Vie de la Vierge d'Albert Durer, 19 photographies gr., in-fol.

12. Marie Madeleine, une Vie Heureuse, résignation. *Paris, I. Roy*, 1843, in-8, dos et coins de maroquin, tr. supér. dor. n. rog.

13. La Vie des Saints, illustrée en chromolithographie, d'après les anciens manuscrits de tous les siècles, publiée par F. Kellerhoven, texte par M. H. de Riancey, 1 vol. in-folio de 400 pp. de texte et 50 pl. en couleur.

14. L'Imitation de Jésus Christ, trad. du latin, par Michel de Marillac, 2 vol. in-4 jésus, dont un imprimé en couleur et or, cart.

15. Introduction à l'Ecriture Sainte, par le R. P. Lamy, in-4, v. br.

16. Catéchisme Royal. *S. l.*, 1647. — Apologie ou défense de très illustre prince Guillaume, prince d'Orange, comte de Nassau. *A Delft*, 1581, pet. in-8, dos et coins de maroquin roug.

17, Guil. Pepin Sermones. *Paris*, 1520, in-8, v. gaufr.

Jolie reliure de temps bien conservée.

18. Stances Chrétiennes de M. L. T., mises en musique, avec deux, trois et quatre parties avec des Simphonies, par Oudot. *Paris, Ballard*, 1704, in-4 mus., cart.

19. Le Cantique des Cantiques, pastorale sainte à monseigneur et madame, le duc et la duchesse de Bourgogne, par de La Bonnodière. *Caen, G. R. Poisson*, 1708, petit in-8, dem.-mar.

20. Cantipratensis (Th.). Incipit liber qui dicitur bonum universale de proprietatibus apum (absque nota), (circa 1482), in-fol. goth. à 2 col. de 35 lig., v. gaufr. (*Rare.*)

21. Quatuor librorum de Orbis terræ concordia primus. Guil. Postello authore. *Paris*, *Gromors* (1543), in-8, v. ant. fil., tr. dor.

Premier livre seul publié.

22. La Philosophie Chrestienne, ou persuasions puissantes au mépris de la vie, par Zacharie de Lysieux, 2e édition *Paris*, 1639, fort vol. pet. in-8, vélin. (*Piqûres de vers sur la marge*).

HISTOIRE DES RELIGIONS.

23. Histoire des Juifs, écrite par Flavius Joseph sous le titre d'antiquitez judaïques, trad. par Arnauld d'Andilly. *Paris*, 1667, in-8, v. m. (*Qq. feuillets réemmargés.*)

24. Nœ architectus arcæ in diluvio navarchus, descriptus et morali doctrina illustratus a R. P. H. Drexelio. 1640, in-16, mar. rou. à compart., tr. dor.

25. Apparatus historico criticus antiquitatum sacri codicis et gentis hebrææ-Vberrimis annotationibus in Th. Goodwini mosen et Aaronem subministravit Jo. Gott Carpzov. *Francof*, 1748, in-4 bas.

26. Bibliotheca sacra in binos syllabos distincta... Labore et inductria Jacob. Le Long. *Paris*, 1723, in-fol., 2 tom. en 1 vol., v. br.

27. Histoire de la domination romaine en Judée et de la ruine de Jérusalem, par Salvador. *Paris*, 1847, 2 vol. in-8, dem.-chag. vert.

28. Histoire des Croisades, par Michaud. 4e édition. *Paris*, *Aimé André*, 1825, 6 vol. in-8, dem.-v.

On a joint à l'exemplaire: Extraits des historiens arabes, relatifs aux guerres des Croisades, par Reinaud. *Paris*, 1829, in-8, dem.-v.

29. Histoire de l'Inquisition et son origine (par Marsollier). *Cologne*, *P. Marteau*, 1693, in-12, v. br.

30. Histoire critique de l'Inquisition d'Espagne, par Llorente. *Paris*, 1817, 4 vol. in-8, dem.-rel.

31. La Politique du clergé de France, ou Entretiens de deux catholiques romains (par de Jurieu). *Cologne*, 1681, in-12, dem.-mar. (*Relié sur brochure.*)

32. Notitia episcopatum galliæ qua francia est, Papirii Massoni opera. *Paris*, 1606, pet. in-8 cart.

33. Table générale de l'état des archevêchés, éveschés, abbayes et prieurés, de nomination et collat. royale, avec la taxe en cour de Rome, le revenu, le nom des titulaires, etc., 3e édit. *Paris*, 1743, in-8, v. mar. (*Exempl. interfolié, aveç notes manuscrites.*)

34. De Louis Veuillot: 1° Pierre Saintive. *Paris*, 1840, in-12, dem.-v.

Edition originale.

— 2° Les Libres Penseurs. *Paris*, 1848, in-12, dem.-v.

Première édition sans les retranchemeuts.

— 3° Le Lendemain de la Victoire, vision. *Paris*, 1850, in-12, dem.-v.

Edition originale.

— 4° L'Honnête Femme. *Paris*, 1858, dem.-mar.

— 5° Çà et Là. *Paris*, 1860, 2 vol. in-12 br.

— 6° Corbin et d'Aubecourt. *Paris*, 1850, in-18, dem.-v. f.

— 7° Petite Philosophie. *Paris*, 1854, in-18, dem.-mar.

35. Rome et Lorette, par Louis Veuillot. *Tours*, *Mame*, 1848, in-8 illustré, dem.-v. ant.

36. L'Eglise et la Sociéte chrétiennes en 1861, par Guizot. *Paris*, *M. Lévy*, 1861, in-8, dem.-chag.

37. Recueil curieux et édifiant sur les cloches de l'église, etc., (par don Rémi Carré). *Cologne*, 1757, in-12, v. gr.

38. Voyage en Terre-Sainte, par F. de Saulcy, membre de l'Institut. *Paris*, 1865, 2 vol. gr. in-8, avec fig., cartes et plans, broché.

39. La Guerre séraphique, ou l'Histoire des périls qu'à courus la barbe des capucins par les violentes attaques des cordeliers. *La Haye*, 1740, in-12, v. f.

40. Recueil de divers pièces, pour servir à l'histoire de Port-Royal, ou Supplément aux mémoires de MM. Fontaine, Lancelot et du Fossé. *Utrecht*, 1740, fort vol. in-12 broché.

41. Lettres écrites de La Trappe, par un novice, mises au jour par M*** (Selis). *Paris, an I*, in-12, dem.-mar. Lavall., n. rog.

42. Recherehes sur le culte de Bacchus, par Rolle. *Paris*, 1823, 3 vol. in-8 br.

43. Le Coran; trad. de l'arabe, par Savary. *Paris*, 1783, 2 vol. in-8 bas.

44. Traitez singuliers et nouveaux contre le paganisme du Roy-Boit, par Jean Deslyons. *Paris*, 1670, in-12, v. br.

45. Sibyllana oraculo ex vett. codd. aucta renovata et notis illustrata a D. Johanne Opsopœo Brettano cum interpretatione latina Sebastiani Castalionis et Judice. *Parisiis*, 1607, in-8, fig., vél. bl. à recouvrement.

Jolie reliure bien conservée.

HISTOIRE DES EGLISES PROTESTANTES.

---

46. Histoire de la religion des Eglises réformées, par Basnage. *Rotterdam*, 1690, 2 vol. pet. in-8, bas., fil.

47. Mémoire servant à l'histoire des premières tentatives faites pour introduire la Réformation en France, par Schmidt. *Strasbourg*, 1845, in-8, br.

48. Nic. Sanderi de origine ac progressu schismatis anglicani, liber. *Coloniæ*, 1585, in-8, vél.

49. Historia persecutionum ecclesiæ Bohemicæ. *S. l.*, 1648. — G. Acacii Enenkelii L. Baroni, Hoheneccii, Sejanus seu de præpotentibus regum ac principum ministris commone factio. *Argentorati*, 1620, pet. in-12, vél.

50. Histoire du protestantisme en Normandie, depuis son origine, jusqu'à la publication de l'édit de Nantes, par G. Le Hardy. *Caen*, 1869, in-8, pap. de Holl. br.

51. Histoire des troubles du Béarn, au sujet de la religion dans le XVIIe siècle, par le P. Mirasson. *Paris*, 1768, in-12, bas.

52. Discours des premiers troubles advenus à Lyon, avec l'apologie pour la ville de Lyon, contre le libelle faucement intitulé, la juste et saincte défense de la ville de Lyon, par Gabriel de Saconay. *Lyon, M. Jove*, 1569, in-8, vél. (*taché et court de marge du haut*).

Très-rare.

53. De la vraye idolatrie de nostre temps, par M. Gabriel de Saconay, précenteur et conte (*sic*) de l'Eglise de Lyon. *Lyon, M. Jove*, 1568, in-8, cart.

Pièce très-rare, malheureusement deux feuillets sont fortement macculés et ont besoin de réparation.

54. Institutio christianæ religionis, Joh. Calvino authore. *Genève*, 1554, in-16, réglé, v. m.

55. Discours en forme de dialogue, ou Histoire tragique, en laquelle est naivement dépeinte et descrite la source, origine des troubles qui durent encore aujourd'huy, meuz par Luther, Calvin et leurs conjurez et partizans, contre l'église catholique, trad. du latin du R. P. Guil. Lindan en nostre langue françoise, par M. R. Benoist, Angevin. *Paris, G. Chaudière*, 1570, in-8, dem.-mar. rou., avec coins, tr. dor. (*Hardy.*)

Ouvrage très-rare, malheureusement notre exemplaire est taché et raccommodé.

56. Institution de la Religion Chrétienne, par Jean Calvin, avec deux Indices, l'un des matières principales : l'autre des passages de l'Ecriture exposez en icelle, recuillis par A. Marlorat. *Genève, Impr. de François Perrin*, 1566, in-fol. réglé, maroq. rou., tr. dor. (*Armoiries.*)

Rare.

57. Melanchton. Loci communes rerum theologicarum, sive hypotyposes theologicæ. Philip. Melanch. auctore. *Basileæ*, 1521. — Lutheri Melanch Propositiones. *Basileæ*, 1522, in-8, rel. en bois.

58. Bouclier de la foy, ou défense de la confession de foy des églises réformées du royaume de France (par Du Moulin). *A Sedan*, 1621, in-8, parch. (*Incomplet de la fin.*)

59. Vnio dissidentium, omnibus vnitatis ecclesie christiane doctoribus per Hermãnum Bodium. Selecta, et jam denuo aucta et locupletata. *In fine: Coloniæ* apud Joa. *Gymnicum, anno* 1533, pet. in-8, v. estampé.

60. Le Tocsin au Roy, à la Royne régente, mère du Roy, aux Princes du Sang, à tous les parlemens, etc., contre le livre de la Puissance temporelle du Pape, mis naguères en lumière, par le cardinal Bellarmin, jésuite, par la statue de Memnon. *Paris*, 1610, pet. in-8, maroq. rouge, tr. dor. (*Hardy.*)

61. Relation de l'Estat de la religion, et par quels desseins et artifices, elle a esté forgée et gouvernée en divers estats de ces parties occidentales du monde tirée, de l'anglois du chev. Edw. Sandis. *Genève, Aubert*, 1626, pet. in-8, v.

62. De l'Union et reconciliation des églises évangéliques de l'Europe, ou des moyens d'établir entre elles une tollérance en charité, par God. Hotton, mis en françois, par Helie Poirier, Parisien. *Amst. Jean Blaeu*, 1647, in-12, vél. (*Rare.*)

63. Discours politiques du Duc de Rohan faits en divers temps

sur les affaires qui se passaient, cy devant non imprimez. (*A la Sphère*), 1646. — Véritable discours de ce qui s'est passé en l'assemblée politique des églises réformées de France, tenue à Savmur, l'an 1611, servant de supplém. aux mémoires du duc de Rohan. (*A la Sphère*), 1646, in-12, mar. rou. (*Hardy.*)

64. L'Advocat des Protestans, ou Traité du Schisme, par le Sr A. D. V. *Amst. P. Mortier*, 1686, pet. in-12, vél.

65. Les Erreurs populaires es poincts généraux, qui concernent l'intelligence de la religion, par Jan d'Espagne. *La Haye*, *Th. Maire*, 1679, pet. in-12, vél.

66. Sermon du Cordelier aux soldats, ensemble la response des soldats au cordelier, recueillis de plusieurs bons autheurs catholiques. *Paris*, 1612, pet. in-8, dem.-v.

Réimpression à trente exemplaires, faite à Chartres en 1833, par Garnier fils.

67. L'Idolatrie huguenote, figurée au patron de la vielle Payenne, par L. Richeome. *Lyon*, *P. Rigaud*, 1608, in-8, parch.

Rare et curieux.

68. Le Rabelais réformé par les ministres, et nommément par Pierre Du Moulin, ministre de Charanton, pour response aux bouffonneries insérées en son livre de la vocation des pasteurs. *A Brusselle*, 1619, in-8, cart. (*Un raccommodage au titre.*)

Cet ouvrage est du fameux P. Garasse, jésuite, c'est une satire contre plusieurs ministres, et surtout contre Du Moulin que l'auteur accuse d'être l'imitateur de Rabelais.

69. Le Légat de la Vache à Colas de Sedège, complainte huguenote du XVIe siècle. publ. par M. Em. Vasse. *Paris*, *Acad. des Bibliophiles*, 1868, in-18, pap. vergé, dos et coins de mar. rou., tr. supér, dor., n. rog.

70. Histoire de l'Eglise Vaudoise, depuis son origine et des Vaudois du Piémont, jusqu'à nos jours, par A. Monastier. *Paris*, 1847, 2 vol. in-8, dem.-ch.

71. Histoire des Vaudois (par J. Bez). *Paris*, 1796. — Catéchisme des Vaudois, par le même. 1796, 2 tomes en 1 vol. in-8, dem.-rel., n. rog.

72. La Religion du Médécin, c'est-à-dire : Description nécessaire par Thomas Brown, médecin renommé à Norwick, touchant son opinion accordante, avec le pur service divin d'Angleterre. *S. l.*, 1668, in-12, frontisp. grav., v. ant. a. compart.

72 *bis*. **La** Religion des Hollandais (par M. Stoup, huguenot). *Paris, Clousier*, 1673, in-12, v. br. (*Armoiries*.)

73. Mémoires et correspondance de Duplessis-Mornay, pour servir à l'histoire de la réformation et des guerres civiles et religieuses en France, sous les règnes de Charles IX, de Henri III, de Henri IV et de Louis XIII, depuis 1571 jusqu'en 1623. *Paris, Treuttel et Wurts*, 1824-25, 12 vol., in-8, pap. vél., br.

JURISPRUDENCE.

---

74. Histoire du Droit Français, par Laferrière. *Paris, Joubert*, 1838, 2 vol. in-8, dem.-chag.

75. Principes du Droit naturel, par Burlamaqui. *Genève*, 1747, in-4, v. m., dent., tr. dor.

76. Le Droit Public de France, éclairci par les Monuments de l'antiquité, par Bouquet. *Paris*, 1756, in-4, v. m.

77. Traité des Fiefs de Claude Pocquet de Livonière. *Paris*, 1771, in-4, bas.

78. Traité de Fiefs de Dumoulin, analysé et conféré avec les autres feudistes, par Henrion de Pensey. *Paris*, 1773, in-4, v. m.

79. Traité des Testamens, codiciles, donations, et autres dispositions de dernière volonté, par Furgole. *Paris*, 1745, 4 vol. in-4, v. m.

80. Traité des Substitutions Fidéi-Commissaires, contenant toutes les connaissances essentielles selon le Droit Romain et le Droit Français, par Thévenot d'Essaule de Savigny. *Paris*, 1778, in-4, v. m.

81. Commentaire de l'Ordonnance de Louis XV, sur les substitutions du mois d'Août 1747, par Me Furgole de Toulouse. *Paris*, 1767, in-4, v. m.

82. Recueil de Jurisprudence canonique et bénéficiale, par Guy du Rousseaud de Lacombe. *Paris*, 1771, in-folio, v. m.

83. Traité complet de la législation sur les Cultes, et sur l'administion des biens des Fabriques, par Noyon. *Rouen*, 1837, in-8, dem.-v. f. — De l'Organisation et des attributions des Conseils Généraux et d'arrondissements, par Dumesnil. *Paris, Dupont*, 1837, in-8, dem.-v. f.

84. Manuel du Droit public ecclésiastique français, par Dupin. *Paris*, 1845, in-12, dem.-v. — Manuel des héritiers donataires et légataires, par Despréaux. *Paris*, 1838, in-12, ma-

roq. — Manuel des Pensionnaires de l'Etat, par Dumesnil. *Paris*, 1841, in-12, dem.-v.f. — Nouveau Manuel du Juré. *Paris*, 1833, in-12, dem.-v. r. — Traité de la confection des lois, par Valette. — 1839, in-12, dem.-v. f.

85. Leçons de Droit Criminel, par Boitard. *Paris, Cotillon*, 1867, in-8 br.

86. Mémoires de Mme Manson, explicat. de sa conduite dans le procès de l'assassinat Fualdès, écrits par elle-même. *Paris*, 1818, portrait. — Histoire complète du procès relatif à l'assassinat du sieur Fualdés. *Paris*, 1817, in-8, portraits, dem.-rel.

SCIENCES ET ARTS.

MORALE, ÉCONOMIE, Etc.

87. Les Essais de Montaigne. (*Paris*), *chez J. Berthelin*, 1627, in-8, parch.

88. De la Sagesse, par P. Charron. *Rouen*, 1623, fort vol. in-12, rel. vélin.

89. Socrate chrestien, par le sieur de Balzac, et autres œuvres du mesme autheur. *Paris, Aug. Courbé*, 1652, in-8, front. gr., v. fil.

90. La Doctrine des Mœurs, tirée de la Philosophie des Stoïques, représentée en cent tableaux (d'après Otho Vœnius). *Paris*, 1646, in-4, fig., v. br.

91. Discours de la Méthode (de R. Descartes) pour bien conduire sa raison, et chercher la vérité des sciences. *Paris*, 1658, in-4, vél.

92. Pensées, Essais et Maximes de J. Joubert, suivis de lettres à ses amis. *Paris, Ch. Gosselin*, 1842, 2 vol. in-8, dem.-v.

93. Le Droit de la Guerre et de la Paix, par Hugues Grotius, trad. par J. Barbeyrac. *Amst.*, 1729, 2 vol. in-4, v. br.

94. Le Ministre d'Estat, avec le Véritable usage de la politique moderne, par le sieur de Silhon. *A Leyde, chez Jacob Marci* (*Elzev.*), 1643, 2 tom. en 1 vol. pet. in-12, vél.

95. Traité politique, composé par W. Allen et traduit nouvellement en françois, où il est prouvé que : *Tuer un tyran n'est pas un meurtre. Lugd.*, 1658, pet. in-12, mar. rou., tr. dor. (*Hardy.*)

96. De la Charge des Gouverneurs des Places, par messire Ant. de Ville. (*A la Sphère*), *jouxte la copie imprimée à Paris.* 1640, pet. in-12, vél.

Bel exemplaire de cet Elzev. de Leyde.

97. Dictionnaire universel de la Vie pratique à la ville et à la campagne, par Beleze. 4e édition, gr. in-8, dem.-maroq. rouge.

98. Traité élémentaire d'Hygiène privée et publique, par Becquerel. *Paris*, *Asselin*, 1868, gros in-12, percal.

99. La Fameuse Compaignie de la Lesine, ou Alesne, c'est-à dire, la Manière d'espargner, acquérir et conserver. trad. de l'italien (de Vialardi). *Paris*, 1604. — Continuation des Canons et Statuts de la fameuse comp. de la Lesine, *Ib.* 1604. — La Contre-Lesine, augmentée d'une comédie intitulée les Nopces d'Antilesine. *Paris,* 1618. Ens. 4 part. in-12, vél.

99 *bis.* — La Même, avec la Contre-Lesine.

100. La Manière d'amolir les os et de faire cuire toutes sortes de viandes en fort peu de temps, et à peu de frais, avec une description de la Machine dont il se faut servir pour cet effet, par Papin. *Amst.*, *H. Desbordes*, 1688, in-12, fig., cuir de Russie, dent., tr. dor.

Bel exemplaire de ce curieux Traité.

SCIENCES NATURELLES

ET MATHÉMATIQUES.

101. Theatrum Vitæ humanæ. A J. J. Boissardo conscriptum et a Theodoro Bryio artificios. histor. illustratum. *Excussum* (sic) *typis Abr. Fabri, civitatis mediomatricorum typographi, impensis Théod. Bryii leodiensis,* 1596, in-4, titre gravé, portrait de Boissard et 60 pl. impr. dans le texte, dem.-rel.

Rare.

102. Toutes les Œuvres charitables de Philibert Gvybert. *Paris*, *J. Jacquin*, 1645, in-8, port., dem.-rel.

103. Œuvres complètes de Buffon, édition publiée et annotée par M. Flourens, illustrée de 163 planches, 800 sujets coloriés, gravés sur acier, d'après les dessins de M. V. Adam. *Paris*, *impr. Claye*, 12 vol. gr. in-8, br.

104. La Nouvelle Maison Rustique. *Paris*, 1768, 2 vol. in-4, nombr, planches, v. m.

105. Les Jardins, par Arthur-Mangin. 1 vol. in-fol., texte et plus de 200 gravures sur bois, cart. à l'anglaise.

106. Traité des Abres et Arbustes, par Duhamel Du Monceau. *Paris*, 1755, 2 vol. in-4, fig., v. br.

107. Traité des Champignons, ouvrage dans lequel on trouve l'Examen des Principes pernicieux de certaines espèces, et les Moyens de Prévenir leurs effets et d'y remédier, par Paulet. *Paris*, *impr. nationale*, 1793, 2 vol. in-4, cart.

108. Nouveau Traité des Serins de Canarie, par Hervieux de Chanteloup. *Paris*, 1745, in-12, musique v. m. (*Rare.*)

109. Traité de l'Astronomie Indienne et Orientale, par Bailly. *Paris*, 1787, in-4, v. mar.

110. Métrologie, ou Traité des mesures, poids et monnaies des anciens peuples et des modernes. *Paris*, 1780, in-4, v. éc.

---

111. La Chasse royale, par le roi Charles IX. *Paris*, 1857, in-12, avec planche, broché.

112. Les Chasses de François Ier, racontées par Louis de Brèzé, grand Sénéchal de Normandie, précédées de la Chasse sous les Valois, par Hector de La Ferrière. *Paris*, *Aubry*, 1869, pet. in-8, dos et coins, dem.-mar. rou., tr. supér. dor., n. rog.

113. Les Dons des Enfants de Latone : La Musique et la Chasse du Cerf. *Paris*, 1734, in-8, avec figures, veau br., rel. fatiguée.

114. L'Art du Valet de Limier, par Desgraviers. *Paris*, 1784, pet. in-12, v. m.

115. La Chasse à la Haye, par Peigné-Delacourt. *Paris*, 1858, gr. in-4, fig. et planche chromolith. cart. (*Epuisé.*)

ARTS ET MÉTIERS.

116. Rapports des Délégations ouvrières à l'Exposition universelle de 1867 à Paris, publ. par M. Devinck, sous la direction de M. Arnoult Desvernay, 3 vol. gr. in-4, illustrés de 1,100 vignettes, brochés.

117. Chimie technique, appliquée aux arts et à l'industrie, à la pharmacie et à l'agriculture, par Barruel. *Paris, Didot*, 7 vol. in-8, nombreuses gravures, broch.

118. Traité de Chimie, par Berzélius, trad. par Esslinger et Hoefer. *Paris, Didot*, 6 vol. in-8, br.

119. Traité des Diamants et des Perles, par D. Jeffriès. *Paris*, 1753, in-8, avec planches, broché.

120. Eléments de Bijouterie et de Joaillerie modernes et anciens, dessinés par Ch. Schlodhauer, in-fol. de 48 pl. chromolith. par Ch. Mathieu, dem.-ch.

121. Histoire de l'Orfèvrerie-Joaillerie et des anciennes Communautés et Confréries d'orfèvres-joailliers de la France et de la Belgique, par MM. Paul Lacroix et Ferdinand Seré. *Paris*, 1850, gr. in-8, illustré, br.

122. Ponson. Supplément au Traité de l'exploitation des mines de houille. *Paris, Baudry*, 2 gros vol. in-8 et atlas de 68 pl. in-fol., cart.

ART INDUSTRIEL.

123. Les Arts Somptuaires. Histoire du Costume et de l'Ameublement, et des Arts qui s'y rattachent, publ. sous la direction de Hangard-Maugé, dessins de Cl. Ciappori. 4 vol. gr. in-4, dont 2 vol. de texte et 2 vol. d'album, comprenant 320 pl. en chromolithographie, dem.-chag. rou., tr. supér. dor., n. rog.

124. Dictionnaire raisonné du Mobilier français, par M. Viollet-le-Duc. *Paris, Morel*, 3 vol. in-8, dem.-ch. rou., tr. supér. dor., n. rogn.

125. Décorations intérieures et Meubles des époques Louis XIII et Louis XIV, par L. Adams, 1 vol. in-fol. de 100 pl., cart.

126. Décorations intérieures, époque Louis XVI, par Queverdo. 1 vol. in-fol. de 20 pl. sur chine, dem.-chagr. rouge.

127. Architecture, Décoration et Ameublement, époque Louis XVI, dessinés et gravés avec texte descriptif, par M. Pfnor. 1 vol. in-fol., 50 pl. cart.

128. L'Ornementation au XIXe siècle, par MM. Michel Lienard, Gsell, Rambert, etc. 24 pl., gr. in-fol., dans un carton.

129. Motifs de Décorations, deux séries de cinquante planches en couleur, extraits du journal Manuel de Peintures. (*Dans un carton.*)

130. Exemples de Décoration, appliqués à l'Architecture et à la Peinture, depuis l'antiquité jusqu'à nos jours, par Léon Gaucherel. 1 vol. in-4 jésus de 120 pl. cart.

131. Inventions décoratives, choix de Compositions et de Motifs d'ornementation, par L. Solon, in-fol., 50 pl., dans un carton.

132. Recueil factice de 25 planches d'ornements d'Eisen, Le Pautre, Ranson, Bachellier, en 1 vol. pet. in-fol. cartonné.

133. Recueil de cent planches extraites de l'Art pour tous, encyclopédie de l'Art Industriel et Décoratif, par M. Cl. Sauvageot, in-fol. en feuilles.

134. Histoire des Arts industriels au Moyen-Age et à l'époque de la Renaissance, par Jules Labarte. *Paris, Morel,* 4 vol. de texte et 2 vol., album de 150 pl., dont 119 en chromolithogr., dem.-chagr. rou., tr. super. dor., n. rogn.

Edition de luxe, texte tiré in-4 à 100 exemplaires numérotés.

135. Le Génie industriel, revue des inventions françaises et étrangères, publ. par MM. Armengaud fr. 1851 à 1871, 40 vol. in-8, br.

136. Les Progrès de l'Industrie à l'Exposition universelle, par Armengaud ainé et Armengaud fils. 2 vol. in-fol. de 240 pl., dans un carton.

137. L'Art pour tous, encyclopédie de l'Art Industriel et Décoratif, publ. par M. Sauvageot. *Paris, Morel,* in-fol. Années 1 à 10, cart.

138. Journal de Menuiserie, publ. par MM. Mangeant et Sauvageot. Année 1 à 8, in-4, br.

139. Traité de l'Art de la Charpenterie, par Emy. 2e édition, suivie d'Eléments de Charpenterie métallique, par Barré. *Paris*, *Dunod*, 3 vol. in-4 et atlas de 187 pl. rel.

140. Publications industrielles des machines, outils et appareils, par Armengaud aîné, volumes 15 à 20 gr. in-8 et atlas in-fol., br.

141. Jullien. Traité théorique et pratique de la construction des machines à vapeur. *Paris*, *Baudry*, 1 vol. in-4 de texte et atlas de 48 pl.

BEAUX-ARTS.

PEINTURE.

142. Traité de la Peinture, par Paillot de Montabert. *Paris*, 1829-51, 9 vol. in-8 et atlas in-4, dem.-ch. rou.

143. Traité de la Peinture par Léonard de Vinci. *Paris*, *an IV*, in-8, fig., bas.

144. Traité de la Peinture, de Léonard de Vinci, avec notes, etc., par Gault de St-Germain. *Genève*, 1820, in-8, portr. et 44 planches br.

145. Essais sur la Peinture, par Diderot. *Paris*, *an IV*, 1 vol. in-8, br.

146. Peintures Antiques inédites, précédées de Recherches sur l'emploi de la Peinture dans la décoration chez les Frecs et chez les Romains, par Raoul-Rochette. *Paris*, 1836, in-4 avec 15 planch. color., cart.

147. Recueil de différentes pièces sur les Arts, par Winckelmann, trad. de l'allemand. *Paris*, 1786, in-8 br.

148. Dictionnaire historique des Peintres de toutes les écoles, depuis l'origine de la Peinture jusqu'à nos jours, etc., par Ad Siret, 2e édition. *Paris*, 1872, fort vol. grand in-8, broch.

149. Histoire des Peintres de toutes les écoles, par Ch. Blanc. *Paris*, *Renouard*, livraisons 101 à 400.

150. Observations sur quelques grands Peintres, par Taillasson. *Paris*, 1807, in-8 br.

151. Recherches sur la Vie et les Ouvrages de quelques Peintres provinciaux de l'ancienne' France, par Ph. de Pointel. *Paris*, 1847-50, 2 vol. in-8, avec grav. br.

SCULPTURE.

CÉRAMIQUE, NUMISMATIQUE.

---

152. Histoire des Arts en France, prouvée par les monuments, par Alex. Lenoir. *Paris*, 1810, in-4 et atlas in-fol. cartonnés.

153. Bouillon. Collection des antiques du Louvre, choix des plus belles sculptures, 1 vol. gr. in-fol. de 100 pl.

154. Collection des plus belles compositions de Lepautre, par Decloux et Doury, 1 vol. in-fol., contenant 100 pl. gravées, cart. à l'angl.

155. Recueil de sculptures gothiques, dessinés et gravés par Adams. 2 vol. in-4 de 192 pl., cart.

156. Œuvre de Jean Goujon, gravée d'après des Statues et ses bas-reliefs, par Réveil, 1 vol. pet. in-fol., texte et 88 pl. grav. dem.-chagr.

157. Etudes historiques et pratiques d'Architecture et d'Ornement, appliqués principalement à la confection des travaux en terre cuite, par L. Cadorin. 1 vol. in-fol. de 28 pl. grav., dem.-chag. rou.

158. Trésor de Saint-Maurice d'Agaune, décrit et dessiné par Ed. Aubert. *Paris*, *Morel*, 1 vol. gr. in-4, nombreuses pl., dem.-ch. rou., tr. sup. dor., n. rog.

159. Recherches Historiques sur les enseignes des maisons particulières, suivies de quelques inscript. murales, par E. de La Quérière. *Rouen*, 1852, in-8 avec figure et planche broché.

160. Museum étrusque de L. Bonaparte, prince de Canino. — Fouilles de 1828 à 9.—Vases peints avec inscriptions. *Viterbe*, 1829, in-4 avec 40 pl. cart.

161. Description d'une mosaïque antique du musée Pio-Clémentin à Rome, représentant des scènes de tragédies, par

A. L. Millin. *Paris*, 1829, in-folio avec 28 planches coloriées.

162. Recherches sur l'Histoire de la Peinture sur émail dans les temps anciens et modernes et spécialement en France, par Dussieux. *Paris, Leleux*, 1841, in-8, dos et coins de mar. v., tr. sup. dor., n. rog.

163. Histoire de la Peinture sur verre, contenant une analyse descriptive de vitraux de France, de Belgique, d'Allemagne, etc., etc, par M. E. Lévy et M. Capronier. 1 vol. in-4 de 37 pl., la plupart en chromolithogr. dem.-chag., rou.

164. Vitraux Peints de la Cathédrale du Mans, par M. Hucher. 1 vol. in-fol., texte et 20 pl.

165. Considérations Historiques et Critiques sur les vitraux anciens et modernes et sur la peinture sur verre, par E. Thibaud. *Paris*, 1842, in-8 avec pl.

166. Manuel d'Epigraphie, suivi du Recueil des inscriptions du Limousin, par l'abbé Texier. *Poitiers*, 1851, in-8 avec pl., rel. dem.-mar. bl., tr. dor.

167. Description d'un Sceau d'Or de Louis XII, par A. L. Millin. *Paris*, 1814, in-8 avec pl., cart.

168. Revue Numismatique Belge, publiée par MM. Chalon, Piot et Serrure. *Bruxelles*, 1845-48, 4 vol. in-8, fig., br.

169. Numismastique du Moyen-Age, considérée sous le rapport du type, par J. Lelewel. *Paris*, 1835, 2 vol. in-8 et atlas br.

ARCHITECTURE. — GÉNÉRALITÉS.

---

170. Dictionnaire raisonnné de l'architecture française du X. au XVIe siècle, par M. Viollet le Duc. 10 vol. in-8, dem.-chag. rou., tr. sup. dor., n. rog.

170 *bis* — Le même ouvrage en 10 vol., cart.

171. Entretiens sur l'Architecture, par M. Viollet le Duc 2 vol. in-8, et 2 atlas in-4, dem.-chagr. rou., tr. supér. dor.

172. Encyclopédie d'Architecture, d'après les dessins de M.

Victor Calliat, texte par M. Adolphe Lance. 12 vol. in-4, dem.-ch. rou..tr. sup. dor., n. rog.

Recueil composé de plus de 1400 planches gravées par les meilleurs artistes.

173. Encyclopédie d'architecture, revue mensuelle des travaux publics et particuliers (2e série) 1er volume. dem.-chag. rou.

174. Traité d'Arthitecture (art de bâtir et compostion des édifices. *Paris*, *Dunod*, 2 vol. in-4 et 2 atlas in-folio de 87 et 92 pl. cart.

ARCHITECTURE FRANÇAISE.

175. Monuments de l'architecture chrétienne depuis Constantin jusqu'à Charlemagne, par le Dr Hubsch. 1 vol. in-folio de 63 pl. gravées et chromolith.

176. La Renaissance monumentale en France, par Ad. Berty, 2 vol. gr. in-4 de 100 pl. sur acier, brochés.

177. L'Architecture du Ve au XVIIe siècle et les arts qui en dépendent, publiés par M. J. Gailhabaud, 4 vol. in-folio, pl., cart.

178. Rouyer. L'Art architectural en France depuis François 1er jusqu'à Louis XVI, texte par Alfr. Darcel. *Paris*, Baudry, 2 vol. gr. in-4.

Motifs de décoration intérieure, (salons, chambres à coucher, vestibules, lambris, plafonds, cheminées, fontaines, etc.

Magnifiqne publication comprenant 200 planches, gravées sur acier, par les meilleurs artistes de Paris.

179. Motifs historiques d'architecture et de sculptures d'ornements etc. par César Daly, 2 vol. in-folio, pl., dem.-chagr. rou., tr. sup. dor., n. rog.

180. Suite aux mélanges d'archéologie rédigés ou recueillis par les auteurs des vitraux de Bourges, les PP. Ch. Cabier et Arth. Martin. 2 vol. gr. in-4 jésus, 250 planches, imprimées en bistre, dem.-chagr. rou., tr. sup. dor., non rog.

181. Jean Marot. Recueil de 56 planches en 1 vol. in-4 obl. cart. Palais, hôtels, maisons particulières de Paris et des environs, ornements (portes, cheminées, grotes, mausolées, etc., etc.)

182. Jean Marot. Recueil des plans, profils et élévations des plusieurs palais, chasteaux, églises, sculptures, grotes et hôtels bâtis dans Paris et aux environs, 122 pl. in-4 obl., parch.

183. Palais, Châteaux et Maisons de France, du XVe au XVIII siècle, par M. Claude Sauvageot, 4 vol. pet. in-folio, pl. (300 env.), dem.-chagr. rou., tr. sup. dor., n. rog.

184. Arabesques, frises de Raphaël, plafonds, voutes, entablements corinthiens, chars, enseignes, tombeaux, vases, autels, etc., etc., gravés par Baltard, Normand, 15 pl., gr. in-folio.

185. Plans et vues du Louvre, des Thuileries, des châteaux de Versailles. Petit Trianon, St-Germain-en-Laye, Marly, Maisons de ville, bibliothèque, églises, arcs de triomphe, portes, etc., etc. gravés par Ransonnettte, Gaitte, Coquet, Baltard, etc., 19 pl. gr. in-folio.

186. Rouyer. Les Appartements privés de l'impératrice Eugénie, au palais des Tuileries, décorés par Lefuel. *Paris, Baudry*, 1 vol. in-folio, contenant 20 pl. sur pap. de Chine, gravées par Aug. Guillaumot, H. Sellier, etc.

187. Choix d'édifices publics construits ou projetés en France, publiés par MM. Gourlier, Biet, Grillon et Tardieu. 3 vol. in-folio, planches. dem.-chagr. rou., tr. sup. dor., n. rogn.

188. Monographie de l'hôtel de Ville de Lyon, par Desjardins, 1 vol. in-folio, de 76 pl. gravées en couleurs, dem.-chag. rou., tr. sup. dor., n. rogn.

189. Monographie du palais du commerce édifié à Lyon, par M. René Dardel. 1 vol. in-fol. de 48 pl. gravées en couleurs, cart.

190. César Daly. L'Architecture privée au XIXe siècle, 2e série, par livraison 1 à 35.

191. Barqui. L'Architecture moderne en France, maisons les plus remarquables des principales villes des départements. *Paris, Baudry*, 4 vol. in-fol. de 120 pl. et texte.

192. Architecture communale, hôtels de villes, mairies, halles et marchés, fontaines, etc., par Félix Narjoux. 2 vol. gr. in-4, planches, dem.-chag. rou., tr. supér. dor., n. rog.

193. Eglises de bourgs et villages, par M. A. de Baudot. 2 vol. gr. in-4, planches, dem.-chagr. rou., tr. supér. dor., n. rog.

194. Boussard (J.). Etudes sur l'art funéraire moderne, tombeaux, chapelles, sarcophages, etc. *Paris, Baudry*, 20 livraisons gr. in-fol., comprenant plus de 200 pl. (*Ouvrage terminé.*)

ARCHITECTURE ÉTRANGERE.

195. L'Architecture des nations étrangères, par M. Alfred Normand. 1 vol. gr. in-fol de 73 planches gravées ou en couleurs, dem.-chag. rou., tr. supér. dor., non rog.

196. Architecture byzantine, recueil de monuments des premiers temps du christianisme en Orient, par Ch. Texier et R. Popplevel-Pullan, 1 vol. in-fol., texte illustré de 14 bois grav. et 70 pl. dont 14 en couleurs, cart.

197. Etude sur les monuments de l'architecture militaire des Croisés en Syrie et dans l'île de Chypre, par G. Rey. *Paris, imp. nat.*, 1871, in-4, fig., cart., n. rog.

198, Les Edifices antiques de Rome, dessinés et mesurés, par Ant. Desgodetz. *Paris*, 1682, in-fol., pl., v.

199. Edifices de Rome moderne, dessinés, mesurés et décrits par Letarouilly, 3 vol. gr. in-fol. colombier, contenant 355 pl. gravées, et pour le texte 3 tomes en 1 vol. in-4, fig. sur bois, cart.

200. Les Maisons de plaisance les plus célèbres de Rome et de ses environs, par Percier et Fontaine. 7 vol. gr. in-fol. de 77 pl. cart.

201. Vues des ruines de Pompéi, d'après l'ouvrage publié à Londres en 1819, par W. Gell et J. P. Gandy, 1 vol. gr. in-4 de 125 planches, dem.-chagrin rouge, tr. supérieure dor.

202. Les Monuments de Pise au moyen-âge, par Georges Rohault de Fleury. 1 vol. in-8, et atlas de 66 pl. grav. sur cuivre, br.

203. Histoire de l'ornement russe du Xe au XVIe siècle, d'après les manuscrits, texte historique et descriptif, par M, de Boutowsky. 200 planches in-fol. en 2 parties, dem.- chagrin rou.

204. Monuments modernes de la Perse, dessinés et décrits, par M. Pascal Coste. 1 vol. in-fol de 71 pl. gr. ou en chromolith. dem.-chag. rou.

205. Intime-Club. croquis d'architecture,. n-fol. planches, ann. 1 à 5.

206. Monuments d'architecture, de sculpture et de peinture de

l'Allemagne, publ. par Ern. Förster, texte trad. de l'allemand, par MM. de Suckau. 8 vol. gr. in-4, br.

207. Monographie du château de Heidelberg, dessinée et gravée, par M. Pfnor, avec un texte historique et descriptif, par M. Daniel Ramée. in-fol. 24 pl. cart.

208. Les Constructions en bois de la Suisse, par Ernest Gladbach, texte trad. par MM. Schacre et H. de Sukau. 1 vol. gr. in-4, texte illustré de 78 bois gravés et 40 planches dont quelques-unes en couleur, dem.-chag. rou., tr. supér. dor. n. rog.

209. Architecture singulière. l'Eléphant triomphal. Grand kiosque à la gloire du roi, par Ribart. *Paris*, 1758. — Recueil des plus belles ruines de Lisbonne, causées par le tremblement de terre et par le feu du 1er novembre 1759, dessiné par Paris et Pedegache et gravé par Ph. Le Bas. *Paris*, 1757. Ens. 1 vol. in-4, avec pl., mar,

GRAVURE.

210. Les Monuments de l'histoire de France, catalogue des productions de la sculpture, de la peinture et de la gravure, relatives à l'histoire de France et des Français. *Paris*, 1856-63, 10 vol. in-8, dem.-chag. rou., tr. supérieure peigne, n. rog.

Cet ouvrage est le fruit de recherches constantes faites pendant de longues années et aux meilleures sources, par un fureteur infatigable. Un très-petit nombre d'exemplaires a été mis dans le commerce.

211. Essai sur les Nielles, gravures des orfèvres Florentins du XVe siècle, par Duchesne aîné. *Paris*, 1826, in-8, avec pl., br.

212. Essai sur l'origine de la gravure en bois et en taille-douce, sur la connaissance des estampes des XVe et XVIe siècles, etc. (par Jansen). *Paris*, 1808, 2 vol. in-8, avec pl., fac-similes, dem.-rel. bas.

213. Histoire artistique et archéologique de la gravure en France, par A. Bonnardot. *Paris*, 1849, in-8, br.

214. Essai typographique et bibliographique sur l'histoire de la gravure sur bois, par A. Firmin Didot. *Paris*, 1863, in-8, br,

215. Guide de l'amateur de livres à vignettes du XVIIIe siècle, par Henry Cohen. *Paris, Rouquette*, 1870, in-8, pap. vergé dem.-mar. rou., n. rog.

216. Voyage d'un iconophile, revue des principaux cabinets' d'estampes, etc., par Duchesne aîné. *Paris*, 1834, in-8· dem.-rel. bas.

217. Notices générales des graveurs divisés par nations, et des peintres rangés par écoles, etc., par Huber. *Dresde*, 1787, fort vol. in-8, cart., front. gravé. cart.

218. Notices sur les graveurs qui ont laissé des estampes marquées de Monogrammes, chiffres, etc., etc. *Besançon*, 1807, 2 vol. in-8 br.

219. Emblemata amatoria nova, in quibus vis et natura amoris graphicè depingintur, auctore Theocrito a Ganda. *Lugd. Bat.*, 1613, pet. in-4, obl., fig. parch.

220. La grant Danse macabre des hõmes et des fẽmes, les dis des trois mors et trois vifz, le débat du corps et de l'âme, etc., etc. *Nouvellement imprimé à Paris*, pet, in-8, carré, pap. de Holl., 85 fig. sur bois, br.

Réimpression faite en 1858, par M. Silvestre.

221. Le Paysagiste aux champs, croquis d'après nature, par Fr. Henriet, eaux-fortes, par Corot, Daubigny, Lalanne, etc. *Paris*, 1866, gr. in-8, br.

JOURNAUX, CATALOGUES.

---

222. Musée des Monuments français, ou Description historique et chronologique des statues, bas-reliefs et tombeaux, etc., ornée de gravures et augmentée d'une dissertation sur les costumes de chaque siècle, etc., avec le volume contenant l'histoire de la peinture sur verre et description des vitraux anciens et modernes, pour servir à l'histoire de l'Art, relativement à la France, par Alexandre Lenoir. *Paris*, 1800-1806, 6 vol. in-8, v. marb.

Bel exemplaire.

223. Description historique et chronologie des Monuments de sculpture réunis au Musée des Monuments français, par Alexandre Lenoir, augmenté d'une dissertation sur la Barbe

et les Costumes de chaque siècle, 5e édition. *Paris*, *an VIII*, de la République, in-8, d.-rel.

224. Antiquités nationales, ou Recueil de monuments pour servir à l'histoire générale et particulière de l'Empire français, etc., par AUBIN-LOUIS MILLIN. *Paris*, 1790, *an-VII*, 2 vol. in-4, nombreuses figures, veau fauve.

Bel exemplaire.

225. Les Monuments de la Monarchie française, etc., avec les figures de chaque règne, etc., par D. Bernard de Montfaucon. *Paris*, 1729-1733, 5 vol. in-folio, v. br.

226. Annales Archéologiques, par Didron, in-4, fig., tomes 4 à 8, à 13 à 15, 17 à 19.

227. Gazettes des Beaux-Arts, publ. sous la direction de M. Galichon, les dix premières années en 20 vol. in-4, fig., br.

228. Le Nain Jaune, ou Journal des Arts, des Sciences et de la Littérature; de l'Origine, 15 avril 1810, au 15 Juillet 1815, 21 vol. in-8, fig. color., cart.

Cette revue critique et satyrique, est devenue très-rare.

Notre exemplaire renferme un certain nombre de caricatures coloriées.

229. L'Illustration, Journal Uuniversel, in-fol. volumes 1 à 50 brochés.

230. Musée de peinture et de sculpture, ou Recueil des principaux tableaux, statues et bas-reliefs des collections publiques et particulières de l'Europe, par Réveil, 10 vol. in-18 br.

Ouvrage contenant 1170 pl. dessinées et gravées au trait à l'eau-forte par Réveil, accompagnées de notices descriptives, par Mesnard.

231. Herculanum et Pompéi. Musée de Naples, Sculptures, Bronzes, Marbres et Pierres gravées, 4 vol. in-4, contenant environ 300 planches gravées.

232, Description du Musée Lapidaire de la ville de Lyon. — Epigraphie antique du dép. du Rhône, par A. Comarmond. *Paris*, 1846-54, fort vol. in-4 avec 19 planches, br.

233. Cabinet des sigularitez d'architecture et gravure, par Florent le Comte. *Paris*, 1700, 3 vol. in-12, v. mar., figures.

234. Dictionnaire des Monogrames, chiffres, lettres initiales, etc., sous lesquels les plus célèbres peintres, dessinateurs et graveurs ont désigné leurs noms. — Suite, cont. la table génér. des marques, etc., par F. Brulliot. *Munich*, 1817-21, 2 vol. in-4, avec gr. nombre de planches, l'un dem.-rel. v., l'autre cartonné.

235. Catalogue historique du cabinet de peinture et sculpture française, de M. de Lalive. *Paris*, 1764, in-8, portrait grav. par Cochin, cart.

236. Catalogue des Tableaux, dessins précieux, estampes, bronze, terre cuite, etc., du cabinet de feu M. Randon de Boisset, par P. Remy et Julliot, 1777 (prix). — Catalogue de tableaux précieux, miniatures et gouaches, vase, marbre, bronze, porcelaines et du cabinet de feu M. Blondel de Gagny, par P. Remy, 1776 (prix). — Vie de Carle Vanloo. *Paris*, 1765, in-12, d.-rel.

237. Catalogue raisonné des dessins originaux des plus grands maîtres anciens et modernes du cabinet du prince Ch. de Ligne, par A. Bartsch. *Vienne*, 1794, in-8, dem.-v. viol., non rogné.

238. Cataloque des tableaux dessins et estampes de feu M. Léon Dufourny, par Delaroche. *Paris*, 1819, in-8, 62 pl. dem.-rel., n. rogn.

239. Monumens arabes, persans et turcs du cabinet de M. le duc de Blacas et d'autres cabinets, par M. Reinaud. *Paris*, 1828, 2 vol. in-8, fig., dem.-v.

240. Catalogue des objets d'Art de la galerie Pourtalès, 1865, in-8, br. — catalogue des tableaux et objets d'Art de la galerie de M. le duc de Morny, 1865, in-8 (*prix des tableaux*).

241. Les Cartes à jouer, et la cartomancie, par P. Boiteau d'Ambly. *Paris*, 1854, in-8, illustré de 50 bois, dem.-ch.

242. Extraits des Procès-Verbaux des séances du Comité historique des Monuments écrits depuis son origine jusqu'à la réorganisation du 5 septembre 1848. *Paris*, *imp. nat.*, in-8, br.

BELLES LETTRES.

LINGUISTIQUE.

243. Glossarium ad scriptores mediæ et infimæ litanitatis auctore Car. Dufresne dom. Du Cange. *Parisiis*, 1733-1736, 6 vol. in-fol., vélin cordé. — Glossarium novum seu

supplementum, etc. Collegit et digesssit D. P. CARPENTIER. *Parisiis*, 1766, 4 vol. gr. in-fol., non rogné, cart.

244. Dictionnaire français illustré, par Dupiney de Vorepierre, 4 vol. in-4, nombreuses gravures, dem.-chagr. rou., tr. supé. dor., n. rog.

245. Nouvelles et Véritables Etymologies médicales, tirées du gaulois, par Lenglet-Mortier et Diog. Vendamme. *Paris*, *P. Jannet*, 1857, in-8, dem.-ch. rou.

246. Leçons et Modèles de littérature française ancienne et moderne, par Tissot. *Paris*, 1835, gr. in-8, dem.-rel. veau fauve.

247. De l'état de la poésie françoise dans les XIIe et XIIIe siècles, par de Roquefort. *Paris*, 1815, in-8, dem.-rel.

248. Dictionnaire de la la langue romane, ou du vieux Langage françois. *Paris*, 1768, in-8, veau mar. (*Bel exempl.*)

LANGUE GRECQUE, LATINE, ETC.

249. Histoire de Flavius Joseph, reveue sur le grec, ilustrée de chronologie, annotations, tables, etc., par D. G. Genebrard. *Paris*, 1646, in-fol, bas.

250. Le Timee de Platon, traitant de la nature du monde et de l'hõme. *Paris*, *M. Vascosan*, 1551, in-4 vél., fil., orn. sur les plats.

251. Lucrèce. De la nature de choses, trad. par L*** G*** (La Grange). *Paris*, *Bleuet*, 1768, 2 vol. in-8, pap. de Holl., fig. de Gravelot, v. éc. (*Reliure fatiguée.*)

252. Les Cinq premiers Livres des histoires escriptes par Polybe Mégalopolitain, traduitz en françois, par Loys Maigret, Lyonnois. *Paris*, 1542, in-fol., fig. sur bois, v. f.

253. Les Caractères de Théophraste, traduits du grec avec les Caractères, ou les Mœurs de ce siècle, (par La Bruyère), 10e édition. *Paris*, *Est. Michallet*, 1699, in-12, v. m.

253 *bis*. Les Caractères de La Bruyère, suivis des Caractères de Théophraste, *Paris*, *Didot aîné*, 1813, 2 vol. in-8, pap. fin, dem.-v.

Edition dédiée aux amateurs de l'art typographique.

254. Cl. Claudiani quæ exstant. Nic. Heinsius Dan. F. recensuit ac notas addidit. *Lugd. Bat.*, 1650, pet. in-12, mar. bl., dos orné, fil., doublé de mar. rou., dent., tr. dor.

255. Q. Horatius flaccus, cum scholiis J. Bond, ex recensione. Achaintre. *Paris, Méquignon*, 1806, in-8, pap. vél., cuir de Russie, dent., tr. dor. (*Bel exemplaire.*)

256. Commentarii philippicarum marci Ciceronis cum annotationibus Georgii Trapezuntii Philippi Beroaldi. *Paris, Denis Rogé, s. d., marque de D. R. sur le titre*, (piqûre de vers dans la marge du bas). — Ode horatii fidelietr emendate cum breviusculis argumentis et tabula persacili qua lex carminis cujuslibet odes clariss. redditur. *Paris, D, Rogé, s. d.*, (*marque de D. Rogé sur le titre, qq. ratures et annotations à l'encre*). — Plutarchi chæronensis apophthegmata, Raphæle Regio Interprete. *S. l., n. d.* in-4 v.

257. De l'Art poétique, épître d'Horace, trad. par Lefebvre, Laroche. *Paris, Didot*, 1798, in-18, mar. rouge, tranche d'or.

258. Satires de Juvénal, traduites par Dusaulx. *Paris, imprimerie de Crapelet, an XI*, 1803, 2 vol. in-8, gr. pap. vél. br., n. c.

259. Ovidii Nason. Opera omnia, cum integris Nicolai Hensii, lectissimisque variorum notis, studio Bochardi enippingii. *Amstel.*, 1702, 3 vol. in-8, fig., vél. bl.

260. Titi-Livii. Historarium quod extat, cum perpetuis Gronovii et variorum notis. *Amstel., Dan. Elzevir.*, 1665, 3 vol. in-8, vél. blanc.

261. L'Enéide, traduite avec le texte en regard, par J. Delille. *Paris, Giguet et Michaud*, 1804, 4 vol. in-8, pap. vél., fig. de Moreau le jeune avant la lettre, mar. vert. (*Reliure anglaise.*)

262. Conciones et orationes ex historicis latinis excerptæ. *Amst. Dan. Elzev.*, 1672, in-12, v. gaufr., tr. dor.

263. Histoire des anciens traitez, ou Recueil historique et chronologique des traitez répandus dans les auteurs grecs et latins et autres monuments de l'antiquité, par Barbeyrac. *Amst.*, 1739, 2 tom. en 1 vol. in-fol. br.

264. Nic. Hensii Poemata accedunt Joa. Rutgersii. *Lugd. Bat. ex off. Elzevir*, 1653, pet in-12, v.. m.

265. Dan. Heinsii de Contemptu mortis libr. IV. *Lugd. Bat. ex off. Elzev.*, 1621, in-12, v. gaufr.

266. La Pharsale de Lucain, ou les Guerres civiles de César et ed Pompée, en vers français, par de Brebeuf. *Paris,*

Ant. de Sommaville, 1659 pet, in-12, dem.-maroq. Lavall., avec coins, tr. dor.

267. Des. Erasmi roterd. Colloquia. *Lugd. Bat. ex off Elzev.*, 1643, cuir de Russie gaufr., tr. dor.

268. Adagiorum D. Erasmi roterod. epitome. *Amst. ex. off. Elzev.*, 1663, in-12, v. gaufr.

269. [Collection of British Authors. *Leipzig*, *Tauchnitz*, 1842-1859, 56 tomes en 42 vol. in-12, dem.-chag. noir.

270. Orlando furioso di M. Ludovico Ariosto, nuovamente adornato di figure di Rame da Girolamo Porro. *In Venetia*, 1584, in-4, fig. en taille-douce, v br.

POETES FRANÇAIS

271. Repos de plus grand travail (par Guill. des Autelz). *Lyon. Jean de Tournes*, 1550, in-8, maroq. rou., fil., tr. dor. (*Raccommodages.*)

Ouvrage très-rare, dans une jolie reliure ancienne.

272. Les Œuvres de P. de Ronsard. *Paris, Nic. Buon*, 1623, 2 vol. in-fol., dérel.

Il manque dans cet exemplaire le faux-titre et le portrait de Richelet, qq. feuillets sont plus courts.

273. Les Œuvres de P. de Ronsard, gentilh. Vandomois (le premier et le second livre des amours et le premier et le second livre des sonnets pour Hélène). *Paris*, *Math. Henault*, 1629, 3 vol. pet. in-12, v. n. (*Aux armes de Mme de Pompadour.*)

274. Le Séjour des Muses, ou la Cresme des bons vers, triez du meslange et cabinet des sieurs de Ronsard. du Perron, Aubigny, de Malherbe, Maynard, Théophile, etc., etc. *Lyon, M. Courant*. 1623, in-12, dem.-mar., r. avec coins, tr. dor. (*Hardy.*)

Recueil très-rare. Le titre est fatigué.

275. Les Œuvres de Maynard. *Paris, Aug. Courbé*, 1646, in-4, parch.

276. Evvres de Louïse Labé, Lionnoize. *A Lion, par Durand et Perrin*, 1824, in-8, dem.-v.

277. Les Poésies diverses de M. Gilbert, secretaire des commandemens de la reyne de Suède. *Paris, Guil. de Luyne*, 1661, in-12, dem.-mar. rou., tr. dor. (*Hardy.*)

Rare.

278. Le Villebrequin de Me Adam, menuisier de Nevers, contenant toutes sortes de poésies galantes. *Paris, Guil. de Luyne*, 1663, in-12, v. f., fil., tr. dor.

279. Le Virgile travesty en vers burlesques de M. Scarron. *Paris, Toussainct, Quinet*, 1648, in-4, fig., parch.

280. Poésies d'Anne de Rohan-Soubise et lettres d'Eléonore de Rohan-Montbazon, abbesse de Caen, à divers membres de la société précieuse. *Paris, Aubry*, 1862, in-12, br.

281. Contes et nouvelles en vers, par de La Fontaine. *Paris, an II*, 2 vol. in-8, avec fleurons et gravures d'Eisen, d.-rel. mar. vert.

282, Œuvres complètes de La Fontaine, précédées de l'éloge de l'auteur, par Chamfort. *Paris, Igonette*, 1826, in-8, fig. de Devéria, dos et coins, de mar. rouge. tr. supér. dor., n. rog.

Edition en caractères microscopiques.

283. Les folies du sieur Le Sage de Montpellier. *Amst.*, 1700, in-12, v. br.

Tome 2e du recueil des poètes gascons.

284. Opuscules de Parny. *Caen, Manoury*, 1787, 2 vol. in-18, fig., gr. pap. vél. br., n. c.

285. Les Saisons, poëme, par Saint-Lambert. *Paris, F. Didot*, 1796, in-4, pap. vél., fig. avant la lettre, mar. rouge, dent., tr. dor.

286. Poésies de André Chénier. *Paris, Charpentier*, 1840, in-12, port., dem.-v. bl.

287. Iambes et poèmes, par Auguste Barbier. *Paris, Paul Masgana*, 1840, in-12, dem.-v.

288. Les Orientales, par V. Hugo. *Paris, Ch. Gosselin*, 1829, in-18, dem.-v.

289. Harmonies poétiques et religieuses, par Alp. de Lamartine. *Paris, Ch. Gosselin*, 1830, 2 vol. in-8, dem.-rel.

290. Jocelyn, épisode, par de Lamartine. *Paris, Ch. Gosselin*, 1836, 2 vol. in-8, dem.-v.

Édition originale.

291. La chute d'un Ange, épisode, par de Lamartine. *Paris, Ch. Gosselin*, 1838, 2 vol. in-8, d.-v. f.

292. Recueillements poétiques, par de **Lamartine**. *Paris, Ch. Gosselin*, 1839, in-8, d.-v.

Edition originale.

293. Marie de Brabant, poème en six chants, par Ancelot. *Paris, Urbain, Canel*, 1825. — Le Maire du Palais, tragédie en cinq actes, par le même. *Paris, Ponthieu*, 1823, in-8, dem.-rel.

Edition originale.

294. Thérèse, roman en vers, par Léon Bruys d'Ouilly, précédé d'une épître inédite, par de Lamartine. *Paris, Bohaire*, 1836, in-8, dem. chag., r.

295. Poésies d'Antoine Deschamps, traduction de Dante Alighieri. *Bruxelles*, 1837, in-32, v. v. — Poésies nouvelles, par Mme Tastu. *Bruxelles*, 1835, in-32, v. v. — Œuvres de Mme Emile de Girardin (Delphine Gay). *Bruxelles*, 1834, in-32, v. v. — Poésies de Jean Reboul de Nîmes, précédées d'une notice par Alex. Dumas. *Brnxelles*, 1836, in-32, veau ant.

296. Les Ternaires, livre lyrique, par A. Brizeux. *Paris, Paul Masgana*, 1842, in-12, dem.-rel.

297. L'Hercule Guépin, poème en l'honneur du vin d'Orléans, par Simon Rouzeau. *Orléans, Herluizon*, 1860, in-8, pap. de Holl., br.

298. Poésies posthumes d'Emond Roche, avec une notice, par M. Victorien Sardou, avec 4 eaux-fortes et un portrait, par Corot, de Bar, etc. *Paris*, 1863, in-12, br.

299. Sonnets, poèmes et poésies, par Josephin Soulary. *Lyon, L. Perrin*, 1864, in 8, pap. teinté, br.

Tiré à petit nombre.

300. Lou siéché dé Cadaroussa, pouéma, patois, séguit d'aou sermoun dé moussu Sistré et d'aou trésor dé substantionu. *A Mountpéié, A. Ricard, s. d.*, in-18, br.

301. Contes de Cantorbéry, traduits en vers francais de Geoffrey Chaucer, par le clev de Châtelain. *London, Pickering*, 1857, 3 vol. in-12, portr., br.

THÉATRE.

302. Lisandre et Caliste, tragi-comédie, par le sieur Du Ryer. *Paris*, 1634, in-12, dem.-rel. toile.

303. Don César d'Avalos, comédie, par T. Corneille. *Paris*, 1676, in-12, vél.

304. Les Œuvres de M. Molière. *Amst.*, 1725, 4 vol. pet. in-12, fig., v. gr.

305. Œuvres de Racine, édition augmentée de pièces et de remarques (par d'Olivet, Desfontaines, Racine fils, etc.). *Amst.*, *Arkstée*, 1750, 3 vol. in-12, figures grav. par Taujé, d'après les dessins de L.-F. Du Bourg, v. f.

306. Œuvres de Jean Racine, avec les Commentaires de Luneau de Boisjermain. *Paris et Londres*, 1768, 7 vol. in-8, fig. de Gravelot, v. m. (*La reliure est fatiguée.*)

307. Œuvres complètes de J. Racine, édit. collat. sur les meilleurs textes. *Paris*, 1829, gr. in-8, portrait, mar. violet, n. rog.

308. Les Œuvres de M. de La Grange. *Paris, P. Ribou*, 1699, in-12, v. br.

Edition originale contenant : Meleagre, tragédie. — Oreste et Pilade. *Id.* — Adherbal, roy de Numidie. *Id.* — Athenaïs.

309. La Mère Coquette, ou les Amans brouillez, comédie, par Quinault, *Paris*, 1705, in-12, vél.

310. Le Bachelier de Salamanque, par Le Sage. *Amst.*, *Wetstein*, 1739, 3 tomes en 2 vol. in-12, fig., v. gr.

311. Madrigaux de M. de La Sablière. *Paris*, 1758, in-18 carré, texte encadré en rouge, v. m., fil.

312. Œdipe, tragédie, par M. de Voltaire. *Paris, P. Ribou*, 1719, in-12, dem.-mar. rou., tr. dor. (*Hardy.*)

Bel exemplaire de l'édition originale.

313. Tancrède, tragédie en vers et en cinq actes (par de Voltaire). *Paris, Prault*, 1761, in-8, v. rac. — Dans le même volume : Colligni, ou la Saint-Barthélemi, tragédie. *Amst.*, 1740, — La Mort de César, tragédie, par M. de Voltaire. *Londres*, 1736.

Edition originale.

214. Recueil de Comédies et de quelques Chansons gaillardes,

Imprimé pour ce monde, 1775, pet. in-12, dos et coins, d. mar. rou., tr. dor. (*Hardy.*)

315. La Folle Journée, ou le Mariage de Figaro, comédie en cinq actes et en prose, par de Beaumarchais. *De l'Imprimerie de la Soc. Littéraire Typographique*, 1785, in-8, fig. de Saint-Quentin, dem.-rel.

Edition originale.

316. Répertoire du Théâtre François, ou Recueil de tragédies et comédies restées au théâtre, depuis Rotrou, avec des notices, etc., par Petitot. *Paris, Foucault*, 1817-18. 25 vol. in-8, fig. — Répertoire du Théâtre-Français du troisième ordre, faisant suite aux deux éditions du Répertoire, publ. en 1803 et en 1817, par Petitot. *Paris, Foucault*, 1819-20, 8 vol. Ens. 33 vol. in-8, br.

317. Henri III et sa Cour, drame historique en cinq actes et en prose, par Alex. Dumas. *Paris*, 1829, in-8, dem.-rel.

318. Louison, comédie, par Alfr. de Musset. *Paris, Charpentier*, 1849, in-12, dem.-rel.

Edition originale; dans le même volume, plusieurs autres pièces de théâtre.

319. Le Village, comédie, par Octave Feuillet. *Paris*, 1856, in-12, br.

320. Comédies et Proverbes d'Alfred de Musset. *Paris, Charpentier*, 1863, 2 vol. in-12, br.

ROMANS, CONTES, FACÉTIES.

321. Le Roman comique, par Scarron (*A la Sphère*). *A Leiden, chez Jean Sambix*, 1655, pet. in-12.

322. Tarsis et Zélie (par Le Vayer de Boutigny). *Paris Th. Jolly*, 1669, 6 vol. in-8; v. m., fil. (*Le dernier vol. est taché*.

Exemplaire du marquis d'Estampes.

323. La vraye Histoire comique de Francion, composée par Nic. de Moulinet. *Leyde*, 1721, 2 vol. in-12, fig. v.

324. Ourika (par Mme la duchesse de Duras). *Paris, Ladvocat*, 1826, in-18, gr. pap. vél., v. gaufr., dent., tr. dor.

325. Recueils de plaisants devis récites par les supposts du

seigneur de la Coquille. *Lyon, impr. de L. Perrin*, pet. in-8, pap, teinté, br.

326. Don Quichotte de la Manche, trad. de l'espagnol, par Florian. *Paris, Renouard*, 181?, 2 vol. in-18, fig., dem.-rel.

327. L'Ingénieux hidalgo Don Quichotte de la Manche, par de Cervantès Saavedra, trad. par L. Viardot, édition de luxe, contenant 370 dessins de G. Doré, gravés sur bois par Pisan. *Paris, Hachette*, 2 vol. in-fol. cart.

328. Les Aventures de Télémaque, par de Fénelon. *Paris, Crapelet, an IV*, 2 vol. in-8, pap. vélin, fig. de Marillier, v., tr. dor.

329. Aventures de Télémaque, par Fénelon, avec des notes géographiques et littéraires. *Paris*, 1853, 2 vol. in-8, avec vignettes, dem.-rel, veau fauve.

329. *bis*. Voyages de Gulliver, par Swift, traduction nouvelle illustrée par Grandville. *Paris*, 1838, 2 vol. in-8, dem.-rel. mar. Lavalière, ébarbé, tranche dor.

330. Atala, par de Châteaubriand, édition de luxe, avec 44 dessins de G. Doré (30 grandes compositions tirées à part, et 14 belles gravures insérées dans le texte), in-fol. cart.

331. Atala o los amores de dos Salvages en el desierto, por Châteaubriand. *Valencia*, 1803. — Alala, ou les Habitans du désert, parodie d'Atala; *au Grand Village*, 1801. — Observations critiques sur le roman intitulé Atala, par A. Morellet. *Paris, an IX*. Ens. 3 vol. in-12 ou in-18, dem.-mar. v.

332. Robinson Crusoé, par Daniel de Foë, traduction de Pétrus Borel, enrichi de la vie de Daniel de Foë, par Philarète Chasles, orné de 250 gravures sur bois. *Paris, Francisque Borel*, 1836, 2 vol. in-8, dem.-v. (*Rare.*)

333. Les Entretiens des Champs-Elysées (par P. Hay de Chastelet). *Paris*, 1631, in-8, vél. (*Piqûres de vers dans la marge lattér.*)

334. Les Entretiens de feu M. de Balzac. *Leide, chez Jean Elzevier*, 1659, in-12, vél. (*Qq. taches.*)

335. Les Entretiens de feu M. de Balzac. *Amst., chez L. et Dan. Elzevier*, 1663, in-12, mar. rou., tr. dor. (*Hardy.*)

336. Les Aventures de maître Renart et d'Ysengrin son compère, publ. par M. Paulin-Paris. *Paris, Techener*, 1861, in-12, br.

337. Marie, roman (par Brizeux. *Paris*, *Urbain Canelle*, 1832, in-12, cart., n. rog.

Edition originale.

338. Flavien, ou de Rome au désert, par Alex. Guiraud. *Paris*, *Alph. Levasseur*, 1835, 3 vol. in-8, bas.

339. Voyage autour de mon jardin, par Alphonse Karr. *Paris*, *Dumont*, 1845, 2 vol. in-8, dem.-v.

340. Feux Follets, par Léon Menabréa. *Paris*, *Ed. Legrand*, 1836, in-8, dem.-v.

341. Scènes de la vie italienne, par Méry. *Paris*. *Dumont*, 1837, 2 vol, in-8, dem.-v. f.

342. Histoire du roi de Bohême et de ses sept châteaux (par Ch. Nodier). *Paris*, 1830, in-8, dem.-rel. mar. vert. (*Ex. piqué.*)

343. Catherine, par Jules Sandeau. *Paris*, 1846, 2 vol. in-8, dem.-ch.

344. Daria, par Mme la baronne M. R. Du Saule. *Paris*, *Bohaire*, 1836, in-8, dem.-v.

345. Contes de Boccace, traduction nouvelle, par Ed. Rastoin-Brémond. *Paris*, 1835, 2 vol. in-8, fig., dem.-v. r.

346. Nouveaux contes des Fées, par Mme D*** (Daulnoy). *La Haye*, 1700, 2 tom. en 1 vol. pet. in-12, fig. à mi-pages, vél.

347. Les derniers Contes de Jean de Falaise, avec une eau-forte de J. Buisson. *Paris*, *Poulet-Malassis*, 1860, in-12, dem.-mar. citr.

348. Les Contes rémois, par le comte L. de Chevigné, dessins de Meissonnier. 4e édition. *Paris*, 1861, in-12, br.

349. — Les mêmes. 6e édit. *Paris*, 1863, in-32, papier vergé, broché.

350. L'Enfer du Dante, trad. en vers, par L. Ratisbonne. *Paris*, *Michel Lévy*, 1859, 2 vol. in-12, dem.-mar. rou.

351. La Légende du Juif errant, compositions et dessins de Gustave Doré, poëme, avec prologue et épilogue, par Paul Dupont. *Paris*, 1862, in-fol. br.

351 *bis*. Le Juif errant, par Eug. Sue. Edit. illustrée par Gavarni. *Paris*, *Paulin*, 1845, 4 vol. gr. in-8, avec figures, broché.

352. Fier à bras, légende nationale, trad. par Mary Lafon et illustr. de 12 gravures de Gust. Doré. *Paris*, 1857, gr. in-8, broché.

353. Grigri. Histoire véritable, traduite du japonais en portugais, par Didaque Hadeczuca et du portugais en françois, par l'abbé de *** (composée par de Cahusac). *Nangazaki*, 59749 (1739), 2 part. en 1 vol. in-12, v. m.

354. Fleurs des bords du Rhin, par le chev. de Châtelain. *Londres*, *s. d.*, in-12, dos et coins de mar. (*Rare.*)

Curieuse préface de l'auteur qui subit la première condamnation de presse sous le gouvernement de Juillet, ménage peu Louis-Philippe.

355. Le Moyen de parvenir, par Béroalde de Verville, nouvelle édition, augmentée de notes et d'un glossaire. *Paris*, *Willem*, 3 vol. in-12, vignettes, br.

356. Réflexions sur les grands hommes qui sont morts en plaisantant (par Deslandes). *Amst.*, 1732, in-12, v. m.

357. Histoire des perruques, par J.-B. Thiers. *Paris*, 1690, in-12, chagr. rou., tr. dor.

358. Les Chats, histoire, mœurs, observations, anecdotes, par Champfleury, illustré de 52 dessins, par Eug. Delacroix, Viollet-le-Duc, etc. *Paris*, 1869, in-12, br.

359. Histoire du prince Apprius, etc., extraite des Fastes du monde, depuis sa création, trad. franç. par messire Esprit (par de Beauchamps). *Constantinople* (*Lyon*), 1728. — Semelion, histoire véritable. *S. l.*, 1722, in-12, v. m.

Ex. aux armes de Montmorency-Colbert.

360. La Mandarinade, ou Histoire comique du Mandarinat de l'abbé de Saint-Martin. *A Siam, et se trouve à Caen, chez Manoury*, 1769, in-12, br., n. coupé.

361. L'Alcibiade fancivlo a scola. D. P. A. *Orange*, *par Juan Vvart*, 1652, in-12, dem.-rel.

Manuscrit d'une écriture moderne de 146 pages.

362. La Morale des Sens, ou l'Homme du siècle. *Londres*, 1792, in-12, dem.-maroq. rou., n. rog.

363. Les Imposteurs insignes, histoires véritables et curieuses, par J.-B. de Rocoles. *Amst.* (*à la Sphre*), *chez Abr. Wolfgang*, 1683, in-12, front. grav., portraits, vél.

364. L'An deux mille quatre cent quarante, rêve s'il en fût jamais; suivi de l'Homme de Fer, songe (par Mercier. *S. l.*, 1786, 3 vol. in-8, fig. dem.-bas.

365. La Gibecière de Mome, ou le Thrésor du ridicule, conttout ce qne la galanterie, l'histoire facétieuse et l'esprit égayé ont produit de subtil, etc. *Paris*, 1644, in-12, avec frontispice gravé, rel. vél. anc. aux armes. (*Mouillé.*)

366. La Boîte à l'esprit, ou Biblioth. générale des anecdotes et des bons mots, cont. les dits et les faits remarquables des anciens et des modernes, etc., par une société de gens de lettres. *Paris, an IX*, 12 numéros reliés en 4 vol. in-12, avec figures,

367. Le Droit au vol. par Nadar. *Paris, Hetzel, s. d.* (1865), in-12, br.

On lit sur le faux-titre, à mon cher Silvy, exempl. sur papier de fil, afin que ce petit souvenir d'amitié dure un peu plus longtemps. *Paris, août 65, Nadar.*

368. Du Classique et du Romantique, recueil de discours pour et contre, etc... *Rouen*, 1826, in-8, dem.-mar. rou., n. rog.

369. L'Esprit des autres, par Ed. Fournier. *Paris*, 1856, in-18, br.

370. Keepsake de la chronique. *Paris, s. d.*, in-12, nombreuses vignettes, dem.-ch,

371. Etrennes mignonnes, utiles et agréables. (Almanach de Westphalie pour l'année 1810). *Goettingue*, in-12, cart. Curieux costumes du temps.

372. Histoire de la vie, grandes voleries et subtilitez de Guilleri et de ses compagnons et de leur fin lamentable et malheureuse. *Troyes, Pierre Garnier*, 1708, plaquette in-18, dos. v.

SUR L'AMOUR, LES FEMMES, ETC.

373. L'Art d'Aimer d'Ovide, traduit en vers françois (par le président Nicole). *Paris, Ch. de Sercy*, 1668.—Les Amours d'Enée et de Didon et le 4e livre de l'Enéide de Virgile, trad. par le même. *Paris, ib.*, 1668. — Elégies Amoureuses de Properce, trad. par le même. *Paris, ib.*, 1668. — Satyres d'Horace et de Juvénal avec quelques épigrammes de Martial, trad. en vers françois, par le même. *Paris, ib.*, 1669, in-12, v. br.

374. Dubii Amorosi, Altri Dubbies e sonnetti lussuriosi di Pietro Aretino. *Roma*, 1892, in-12, dos et coins de maroq. rou., tr. sup. dor., n. rog.

375. Le bon Mariage, ou le Moyen d'être heureux et faire son

salut en estat de mariage avec un traité des veuves ; par le R. P. Claude Maillard. *Douay*, 1643, in-4, vél.

376. Le Rival encore après la mort, nouvelle. *Paris, Aug. Courbé*, 1658, in-8, parch. (*Mouillures.*)

Première édition.

377. L'Amant discret et l'Amant constant, du Sr Lagravete, poëme dédié à S. Alt. la princesse Palatine. *S. l. n. d.*, pet. in-4, cart.

378. Les Cent Nouvelles Nouvelles. Suivent les nouvelles cont. les cent histoires nouveaux, qui sont moult plaisans à raconter, etc. *La Haye*, 1733, 2 tomes pet. in-12, rel. en 1 vol. veau fauve, chiffre.

379. Les Conquêtes Amoureuses du grand Alcandre dans le pays-bas, avec les intrigues de sa cour. *S. l. n. d.*, 2 vol. pet. in-8, v. m.

Chronique scandaleuse de la cour de Louis XIV, curieux *manuscrit* d'une bonne écriture du commencement du XVIIIe siècle.

380. Amours des Dames illustres de nostre siècle. *Cologne, Jean Le Blanc*, 1691, in-12, titre grav., fig., mar. rou., dos orné, tr. dor. (*Hardy.*)

Contenant : Le Palais-Royal, ou les Amours de Madame de La Valière. Les Amours de Madame. — De Mademoiselle. — Junonie, ou les Amours de Madame de Bagneux. — La Déroute et l'Adieu des filles de Joye, de la ville et des faubourgs de Paris. — Le Passe-temps Royal, ou les Amours de Fontange, etc., etc.

381. La France galante, ou Histoires amoureuses de la Cour, sous le règne de Louis XIV. *Cologne, P. Marteau, s. d.*, in-12, fig., mar. orange, dos orné, tr. dor. (*Hardy.*)

382. Les Bijoux des neuf sœurs. *Paris, Defer de Maisonneuve*, 1790, 2 vol. in-18, fig. de Le Barbier, v. m. fil., tr. supér. dor., *non rogné.*

383. Venus la Populaire, etc., trad. de l'anglois. *Londres*, 1727, in-12, dos et coins, dem.-mar. rou., tr. dor. (*Hardy.*)

384. Venus physique (par Maupertuis). *S. l.*, 1745, in-18, br.

385. Les Amours pastorales de Daphnis et de Chloé, trad. du grec, de Longus, par Amyot. *Paris, Didot aîné*, 1780, in-18, v. m.

386. Les Amours de Psyché et de Cupidon, lithographiés d'après les dessins de Raphael, par Bouillon, Châtillon, Fragonard. *Paris, Didot*, 1825, in-fol. pap. vélin, d.-rel.

387. Nouvelle liste des plus jolies femmes publiques de Paris,

leurs demeures, qualités, etc. *Paris, an IX* (1801), in-18, cart. rog.

388. Les Filles de Minuit, par Valery Vernier. *Lyon, imp. L. Perrin*, 1865, in-8, broché.

389. Les Amours du chevalier de Fosseuse, par J. Janin. *Paris, Jouaust,* 1867, pet. in-8, dos et coins dem.-mar. or., n. rog.

390. Le Livre d'or des Femmes. Cent douze biographies sous la direct. de E. Plouvier. — Les Dames françaises. *Paris*, 1872, gr. in-8, illust. de 112 portraits, br.

POLYGRAPHES,

COLLECTIONS, MÉLANGES.

391. Lettres familières de M. de Balzac à Chapelain. *Amst., L. et Dan. Elzevier,* 1661, in-12, cart.

392. Œuvres diverses du S^r^ D** (Despreaux), avec le traité du sublime, ou du Merveilleux dans le discours, traduit du grec de Longin, nouvelle édition revue et augmentée. *Paris, D. Thierry,* 1694, 2 vol. in-12, mar. rou., fil., tr. dor.

Bel exemplaire en ancienne reliure. Cette édition contient l'*Ode sur la prise de Namur*, le dialogue, ou Satyre.

Notre exemplaire contient de plus les épistres nouvelles (X-XI et XII), avec un faux-titre de la préface.

393. Œuvres de Boileau Despréaux, avec des éclaircissemens historiques donnez par lui-même. *Amst.*, 1718, 2 vol. in-8, fig. de B. Picart, v. br.

394. Œuvres de Boileau Despréaux, édition augmentée de la vie de l'auteur par Des Maizeaux. *Dresde,* 1746, 4 vol. in-8, fig., v. gr.

395. Mémoires de M. le duc de Choiseul, écrits par lui-même. *Chanteloup*, 1790, in-12, dem.-chag.

396. Les Œuvres de M. Guy Coquille. *Bordeaux*. 1703, 2 vol. in-fol., v. br.

397. La Grange (Chancel). Œuvres mêlées. *La Haye, C. Le Vier,* 1724, 1 vol. pet. in-8, pap. de Holl. v. br.

Ce volume est orné de très-jolies figures à mi-page, finement gravées par F. Bleyswyk.

398. Œuvres complètes de Châteaubriand. *Paris, Ladvocat*, 1826-31, 30 vol. in-8, dem.-v.

399. Œuvres complètes de Lamartine, publiées par l'auteur, 40 vol. in-8, br.

400. Mémoires politiques et correspondance diplomatique de J. de Maistre, publ. par Alb. Blanc. *Paris*, 1859, in-8, dem.-mar. v.

401. Les Œuvres de M. François de Malherbe. *Paris, A. de Sommaville*, 1642, pet. in-12, v. m., fil.

402. Les Œuvres d'Etienne Pasquier. *Amst.*, 1723, 2 vol. in-fol. v. m.

403. Les Œuvres de M. François Rabelais. *S. l.* (*à la Sphère*), 1691, 2 vol. pet. in-12, v. br.

404. Les Œuvres de M. Fr. Rabelais, avec des remarques historiques et critiques (de Jac. Le Duchat et Bern. de La Monnoye). *Amst., chez H. Bordesius*, 1711, 6 vol. pet. in-8, fig., v. br.

405. Œuvres de Rabelais, publiées par MM. Burgaud Desmarets et Rathery. *Paris, Didot*, 1857, 2 vol. in-12, dem.-chagr. rouge.

406. Souvenirs et Correspondance tirés des papiers de Madame Récamier. *Paris, M. Lévy*, 1859, 2 vol. in-8, dem.-chag.

407. Œuvres de Rulhière. *Paris, Ménard et Desenne*, 1819, 2 vol. — Œuvres posthumes. *Paris, ib.*, 1819, 4 vol. Ens. 6 vol. dem.-v. v.

408. Lettres de Mme de Sévigné, publ. par Grouvelle. *Paris*, 1806, 8 vol. in-8, portr. (2). cart., n. rogn.

409. Œuvres et Correspondance inédites d'Alexis de Tocqueville, publiées par G. de Beaumont. *Paris, M. Lévy*, 1861, 2 vol. in-8, dem.-chag.

410. Œuvres complètes de Voltaire. *Paris, Thomine*, 1820, 60 vol. in-18, br.

GÉOGRAPHIE.

411. Abr. Golnitzii Itinerarium Belgico-Gallicum. *Amst., ex off. Elzeviriana*, 1655, pet. in-12, dos et coins de mar. Laval., tr. dor.

412. Univers Pittoresque, Histoire et Description de tous les peuples. 27 vol. in-8, br.

Océanie, 3 vol. — Afrique, 7 vol. — Amérique, 5 vol. — Asie, 12 vol.

413. Dictionnaire géographique, historique, administratif, industriel et commercial de toutes les communes de France, par Girault de St-Fargeau, 3 vol. gr. in-4, br.

414. Nouveau dictionnaire complet des communes de la France, de l'Algérie et des autres colonies françaises. *Paris, Garnier Fr.*, 1 fort vol. gr. in-8 à 2 col. avec une carte générale des chemins de fer.

415. Nouveau voyage de France, géographique, historique et curieux, disposé par différentes routes, etc., ouvrage enrichi d'une grande carte de la France et de figures en taille douce, par M. L. R. (Claude Marin Saugrain). *Paris,* 1771, 2 vol. in-12, v. marb.

416. Géographie illustrée de la France et de ses colonies, par Jules Verne, précédée d'une étude sur la géographie générale de la France, par Th. Lavallée. *Paris, Hetzel,* 1868, gr. in-8, br.

417. Lettres Physiques et Morales sur l'Histoire de la terre et de l'homme, par de Luc. *Paris,* 1779, 6 vol. in-8, veau br.

HISTOIRE DE FRANCE.

---

418. Histoire Critique de l'Etablissement de la monarchie française dans les Gaules, par l'abbé Dubos. *Paris,* 1742, 2 vol. in-4, v. m.

419. L'Histoire de France, enrichie des plus notables occurances survenues ez Provinces de l'Europe et pays voisins, depuis 1550 jusques à ces temps (par de la Popelinière). *S. l.* (*La Rochelle*), 1581, 2 vol. in-fol., v. br.

Belle exemplaire de cette édition rare.

420. Histoire de France depuis Faramond jusqu'à maintenant, etc., avec les portraits des roys, des reynes, etc., par F. E. du Mézeray. *Paris,* 1643-51, 3 vol. in-fol. dos et coins maroq. vert.

421. Recueil des Roys de France, leurs couronne et maison, par J. Du Tillet. *Paris, J. du Puys*, 1580, 2 tomes en 1 vol. in-fol., fig., v. (*La reliure est cassée.*)

422. Mercure Français. *Paris, Richer*, 1608, 39 vol. in-12, v. m. (*aux armes de Montmorency*).

Contenant l'Estat de la France sous le règne de Charles IX. — La Chronologie septenaire et novenaire, par P. V. Cayet. — Histoire de la guerre sous le règne de Henri IV. Histoire des derniers troubles de France sous les règnes de Henri III et Henri IV.—Recueil contenant les choses les plus mémorables advenues sous la Ligue, etc., etc.

423. Mémoires historiques, critiques et anecdotiques des reines et régentes de France, par J. F. Dreux du Radier, nouvelle édition, revue, corrigée et considérablement augmentée. *Amst., M. Rey*, 1776, 6 vol. in-12. v. marb.

424. Histoire de France depuis les Gaulois jusqu'à la mort de Louis XVI par Anquetil, continuée jusqu'au sacre de Charles X, par Léonard Gallois et depuis cette époque jusqu'à l'avénement de Louis-Philippe, par N. A. Dubois. *Paris, Jubin, Beaulé et Dondey-Dupré*, 1829-31, 15 vol. in-8, dem.-rel., dor. v.

425. Histoire de la Vie Privée des Français depuis l'origine de la nation jusqu'à nos jours, par Le Grand d'Aussy. *Paris*, 1782, 3 vol. in-8, cart.

426. De la Collection de l'Histoire de France. *Paris, Renouard.*

— 1° Œuvres complète de Brantôme, 1864-69, 5 vol. in-8 br.

— 2° Rouleau des Morts du IX au XI siècle, publ. par M. Léop. Delisle. 1866, in-8 br.

— 3° Œuvres complètes de Suger. 1867, in-8 br.

— 4° Histoire de Saint-Louis de Joinville, publ. par M. Natalis de Wailly. 1868, in-8 br.

— 5° Les Annales de Saint-Bertin et de Saint-Vaast. 1871, in-8 br.

427. Mémoires de Jean, sire de Joinville, sous le règne de St Louys, roy de France, avec la généalogie de la maison de Bourbon. *Paris*, 1666, pet. in-12, vél. — Mémoires d'Henri de Lorraine, duc de Guise. *Paris*, 1681, in-12, v. br. — Mémoires de Duguay-Trouin. *Amst., Pierre Mortier*, 1740, in-12, fig., v., m.

428. Mémoires de Ph. de Comines, publ. par Godefroy. *Bruxelles, Foppens*, 1723, 5 vol. in-8, port., v. m.

429. Mémoires de messire Philippe de Comines, augmentez par M. Denys Godefroy. *Bruxelles*, 1706, 4 vol. in-8, port., v. br.

430. Mémoires de Ph. de Comines, seigneur d'Argenton, publ. par Godefroy. *Bruxelles, Foppens,* 1723, 5 vol. in-8, v. (*ex. fatigué*).

431. Chroniques de Jean d'Auton, publiées d'après les manuscrits de la bibliothèque du Roi, par le Bibliophile Jacob. *Paris, Silvestre*, 1834, 4 vol. in-8, br.

432. Commentaire de l'Illustre seigneur don Loys d'Avila et Cuniga, grand commandeur d'Alcantara, de la guerre d'Allemagne, faicte par Charles cincquiesme, Empereur des Romains, roy d'Espaigne en l'an 1546 et 1547, trad. d'espagnol en françois par Mathieu Vaulchier dict Franchecomté. *Anvers, Nic. Torcy*, 1550 in-8, cartes, v. m.

433. Les Mémoires de messire Michel de Castelnau. *Paris*, 1621, in-4, vél.

434. Mémoires de Maxime de Béthune, duc de Sully, mis en ordre ; avec des remarques par l'abbé de l'Ecluse des Loges). *Londres* (*Paris*), 1745, 3 vol. in-4, port. et fig., v. m. (*armoiries*).

Edition recherchée, pour les nombreux et beaux portraits d'Odieuvre qu'elle contient.

Les deux grandes planches du *Massacre des Huguenots*, et de l'assassinat de Henri IV se trouvent dans notre exemplaire.

435. Mémoires ou Economies royales d'Etat, domestiques, politiques et militaires de Henry le Grand, par Maximilien de Béthune, duc de Sully. *Amst.* (*à la Sphère*), 12 vol. petit in-12, v. br.

436. Journal d'Olivier Lefèvre d'Ormesson, publ. par M. Chéruel. *Paris, I. I.*, 1860, 2 vol. in-4, br.

437. Mémoires du cardinal de Retz. *Genève*, 1777, 4 vol. in-12, v. m.

438. Journal et Mémoires du marquis d'Argenson, publ. par M. Rathery. *Paris, Renouard*, 1859-65, 9 vol. in-8, br.

439. Journal et Mémoires du marquis d'Argenson. *Paris, Renouard*, 1867, in-8 br. (tome 9).

440. Declaratiõ que tous les lieutenanz criminels et autres officiers portez par l'édict de la nouvelle creatiõ auxquels sont ordõnez nouveaux gaiges ou augmentatiõ de ceulx qu'ilz ont d'anciẽneté.... seront tenuz prendre nouvelles provisions de leurs dictes offices. *Paris*, 1555, pet. in-8, cart.

441. Le Reveille Matin des François et de leurs voisins, composé par Eus. Philadelphe Cosmopolite. *Edimbourg*, 1574, in-12, v. m.

442. Les Ordonnances du roy Charles neufiesme, à présent

régnant,faites en son conseil,sur les plainctes et doléances des députez des trois Estats, tenus en la ville d'Orléans. *Paris, Benoist, Rigaud,* 1572, in-8 bas.

443. Le Banquet et après-dinée du conte (*sic*) d'Arete ou il se traicte de la dissimulation du roy de Navarre, et des mœurs de ses partisans, par M. Dorléans. *Jouxte la copie imprimée à Paris chez Guil. Bichon,* 1594, in-8, v. f.

Ce livre est très-rare, c'est une satyre si emportée qu'elle fut blamée même des Huguenots un peu modérés. Dorléans la composa après la conversion d'Henri IV qu'il traitait de dissimulé, voyant qu'on se soulevait contre ce libelle il craignit pour lui-même, se retira à Anvers où il demeura environ 9 ans, etc., etc.

444. Recueil des diverses pièces servant à l'histoire de Henri III, roy de France, contenant le journal de Henri III. — Le divorce satyrique. — L'Alcandre, ou les amours de Henri IV. — Confession de M. de Jancy. — Apologie pour le roy. — Discours de la vie, actions et départements de la reine Catherine. *Cologne, P. Marteau,* 1693, in-12, v. Mar.

445. Discours politiques et militaires du seigneur de La Nouë. *Basle*, 1587, in-8 parch.

446. Discours politiques et militaires du Seigeur de La Nouë. *S. l.*, pour P. et J. Chouët. 1614, gros in-16 parch. (*Piqûre de vers dans la fond de la marge à qq. feuillets.*)

447. Recueil des Fondations et Etablissements faits par le roi de Pologne, duc de Lorraine et de Bar. *Lunéville*, 1762, in-fol. fig., cart. n. rog.

448. Journal de Jean Héroard sur l'enfance et la jeunesse de Louis XIII (1601-1628), par Eug. Soulié et de Barthélemy. *Paris*, *Didot*, 1868, 2 vol. in-8, br.

449. L'Enlèvement Innocent, ou la Retraite clandestine de Monseigneur le Prince avec madame la princesse sa femme, hors de France (1609-10), par Cl. Enoch Virey, publ. par Halphen. *Paris, Aubry,* 1859, pet. in-8 cart.

450. Recueil de Pièces les plus curieuses qui ont été faites pendant le règne du Connestable M. de Luyne. *S. l.*, 1628, in-8 vél.

451. Histoire de la Mort déplorable de Henry IIII, par P. Mathieu. *Bruxelles*, 1612, pet. in-8, v. gaufr., fil.

452. Histoire du roy Henry le Grand, composée par MM. Hardouin de Perefixe. *Amst., chez Dan. Elzevier*, 1664, pet. in-12 chagr. rou., fil. tr., dor. (h. 135 mill..

453. Cantique faict a l'honneur de Dieu, par Henry de Bourdon, IIII de ce nom, roy de France et de Navarre après la

bataille obtenue, sur les ligueurs en la plaine d'Ivry, le 14 mars 1591. *Lyon, L. Perrin,* 1863, pet. in-8 br. (*Tiré à 70 exempl.*)

454. Recueil de pièces, édits, déclarations et arrêts de la cour de parlement, contre les duels et rencontres. *Paris, Seb. Cramoisy,* 1660-67, in-4 v. br.

455. Le Roy Mineur, ou Panegyrique sur la personne et l'éducation de Louis XIV, roy de France, par Fr. de Bretaigne. *Paris,* 1651, in-4 parch. (*Le titre est fatigué.*)

456. Correspondance Administrative sous le règne de Louis XIV, publ. par G. Depping. *Paris, I. Nat.* 1850, 4 vol. in-4, v. n.

457. Quelques Lettres de Louis XIV et des princes de sa famille, 1688 à 1713. *Paris, Aubry,* 1862, in-12 br.

458. Mémoires Secrets sur les règnes de Louis XIV et de Louis XV, par feu Duclos. *Paris,* 1791, 2 vol. in-8. dem.-rel.

459. Mélanges Historiques, Satiriques et Anecdotiques, par de Bois Jourdain, contenant des détails ignorés ou peu connus sur les événements et les personnes marquantes de la fin du règne de Louis XIV, des premières années de celui de Louis XV et de la Régence. *Paris,* 1807, 3 vol. in-8 cart., n. rog.

460. Le Paquebot d'Angleterre en Hollande pris par un armateur de Dunkerque. *S. l.,* 1690. — Les Ombres de Turenne et de Montecuculli aux bords du Rhin. (*A la Sphère*) *Jouxte la copie imprimée à Strasbourg,* 1691. — Le Renard démasqué, trad. de l'original anglais. (*A la Sphère*) *Jouxte la copie imprimée à la Kenoque,* 1692. — La Samaritaine, le Grenier à Sel et la Fable du Sapin et du Buisson, dialogue. *Rouen, chez H. Fr. Viret,* 1692 — Le Paroli à la Samaritaine, ou le Censeur Savetier. *Jouxte la copie imprimée à la Grange-Baudet,* 1693. — La Grotte des Fables, par Le Noble. *Paris,* 1696. — Le Renard pris au trébuchet. (*A la Sphère*) *Jouxte la copie imprimée à Steinkerke,* 1692, in-12 v. (*rel. fatiguée*).

461. Histoire du Ministère du cardinal de Richelieu. *Leide, J. Sambix,* 1652, 2 vol. — Testament politique du cardinal de Richelieu. *Amst., H. Desbordes,* 1688, in-12. Ens. 3 vol., v. br.

462. Les Ecossais en France, les Français en Ecosse, par Francisque Michel. *Paris, Franck.* 1862, 2 vol. in-8, bas. br.

463. Histoire de l'Estat de France, tant de la république que de la religion, sous le règne de François II, par Régnier, sieur

de La Planche. publ. par M. Mennechet. *Paris, Techener*, 1836, 2 vol. in-8, dos et coins de mar. v., tr. super. dor., n. rog.

464. Cartes des Bureaux des Postes établis sur les différentes routes du royaume de France. 1741, gr. in-fol., 7 cartes mss., v. m.

465. Représentation des Fêtes données par la ville de Stras-bourg pour la convalescence du Roi, à l'arrivée et pendant le séjour de sa Majesté en cette ville, dessiné et dirigé par J. Weiss, graveur. *Paris L. Ambert*, gr. in-fol., portrait de Louis XV à cheval, et 11 planches, v.

466. Mémoires Secrets pour servir à l'histoire de Perse. *Amsterdam*, aux dépens de la compagnie, 1745, petit in-8, v. br. filets (*attribués soit au chev. Reysseguier, soit au sieur Pecquet*).

467. Lettres de Madame la Marquise de Pompadour, depuis 1753 jusqu'à 1762. *Londres*, 1772, 2 tomes en un vol. in-16, v. br.

468. Mémoires de Madame la Marquise de Pompadour, écrits par elle-même. *Liège* 1766, 2 tomes en un vol. in-12, veau mouch.

469. Mémoires historiques et anecdotes de la cour de France pendant la faveur de la Marquise de Pompadour, avec douze estampes gravées par elle, etc., par J. L. Soulavie aîné. *Paris*, 1802, in-8, dem.-rel.

470. Anecdotes sur Mme la comtesse Du Barry. *Londres*, 1778, in-12 cart.

471. Journal historique, ou Fastes du règne de Louis XV, surnommé le Bien-Aimé. *Paris*, *Prault et Saillant*, 1776, 2 part. en 1 vol. pet. in-8, portr., v. marb.

472. Les Fastes de Louis XV· de ses minitsres, maîtresses, généraux et autres notables personnages de son règne. *A Ville-Franche, chez la veuve Liberté*, 1782, 2 vol. in-12, v. marb.

473. Les Hommes illustres de la marine française, leurs actions mémorables et leurs portraits, par Graincourt, peintre. *Paris*, 1780, in-4, portraits (17), bas. (*Reliure défectueuse.*)

474. Recueil concernant le tribunal de nosseigneurs les maréchaux de France, par de Beaufort. *Paris*, 1784, 2 vol. in-8 bas. (*Armoiries.*)

475. Histoire de la Révolution française, par Thiers. *Paris, Furne*, 1836, 10 vol. in-8, fig. et cartes, dem.-v. r.

476. Révolutions de Paris, par L. Prudhomme Numéros 1 à 252. — 12 juillet 1789 au 28 février 1794. *Paris*, 1790-1794, 18 vol. in-8, fig.,cart.

477. Almunach historique de la Révolution française pour l'année 1792, rédigé par J. P. Rabaut. *Paris, Strasbourg*, in-18, orné de jolies figures de Moreau le jeune, br. (*Déchirure au bas du titre.*)

478. Dernier Tableau de Paris, ou Récit historique de la Révolution du 10 août 1792, par J. Peltier, 3e édition revue et corrigée. *Londres*, 1794, 2 vol. in-8, bas.

479. L'Intérieur des comités révolutionnaires, ou les Aristides modernes, comédie, par le citoy. Ducancel. *Paris, an III.* — Défense de Barrière, appel à la Convention nationale. *Bordeaux, an II.* — La Justice révolutionnaire à Paris et dans les départements, par Berriat Saint-Prix. Ens. 3 vol. in-8.

480. La Vie de Louis XVI, etc., par M, le prince de Burliabled. *Londres*, 1174, in-8 v.

Dans le même vol. : Précis historique de la vie de Mme la comtesse Du Barry. *Paris*, 1774, avec le portrait. — La Gazette de Cythère, avantures galantes, 1774.

481. Le Procès de Louis XVI, ou Collection complète des opinions, discours et mémoires des membres de la Convention nationale, sur les crimes de Louis XVI. *Paris*, 1795, 9 tomes en 6 vol, — Recueil de 33 pièces sur Louis XVI et la famille roy. En 3 vol. in-8. Ens. 12 tomes en 9 vol. in-8, bas. éc.

482. Marie-Antoinette et la Révolution française.. *Paris, Techener*, 1859, in-12, dem.-chag.

483. Réimpression de l'ancien Moniteur, depuis la réunion des Etats-Généraux jusqu'au Consulat. *Paris*, 1840-1845, 32 vol. gr. in-8, dem.-v. f.

484. Description des cérémonies et des fêtes qui ont eu lieu pour le couronnement de Leurs Majestés Napoléon et Joséphine, par Perrier et Fontaine. *Paris*, 1807, gr. in-fol., 12 pl., cart.

485. L'Europe pendant le Consulat et l'Empire de Nopoléon, par Capefigue. *Paris*, 1840, 10 vol. in-8 br.

486. Histoire de Napoléon, par de Norvins. *Paris, Furne,* 1837, 4 vol. in-8, fig. et cartes, v- r.

487. Histoire de Napoléon, par de Norvins. *Paris, Furne*, 1839, gr. in-8 illustré, dem.-v. r., tr. sup. dor., n. rog.

488. Derniers moments de Napoléon, par le docteur F. Antommarchi. *Paris*, 1825, 2 vol. in-8, pap. vél., br., n. c.

489. Précis historique du règne de Louis XVIII, en 1814, 1815 et 1816, par Gabriel Peignot. *Paris, Renouard,* 1816, in-8, dem.-maroq. rou.

490. Lettres originales de madame la duchesse d'Orléans, et Souvenirs biographiques, recueillis par H. de Schubert. *Paris*, 1860, in-8 br.

491. Liste générale des pensionnaires de l'ancienne liste civile. *Paris, Imp. Roy.*, 1833, in-4 cart.

492. Mémoires pour servir à l'histoire de mon temps, par M. Guizot. *Paris, Michel Lévy*, 1858-68, 8 vol. in-8, dem.-mar. Laval.

493. Les Suspects en 1858, par Eug. Ténot et Antonin Dubost. *Paris, Lechevalier,* 1869, in-12, dem.-rel. toile.

494. Le dernier des Napoléon. *Paris*, 1872, fort vol. in-8, broché.

HISTOIRE

DES PROVINCES ET VILLES DE FRANCE.

Artois, Picardie, Normandie.

---

495. Chronique de Guines et d'Ardre, par Lambert, curé d'Ardre (918-1203), trad. en français avec le texte en regard, par le marquis God. Meniglaire. *Paris, J. Renouard*, 1855, in-8, dem.-v.

496. Les Généalogies et anciennes descentes des forestiers et comtes de Flandres, avec briėves descriptions de leurs vies et gestes, le tout recueilly des plus véritables, approuvées et anciennes chroniques et annales qui se trouvent, par Corneille Martin, Zélandois, et ornées de portraits, figures et habits selon les façons et guises de leur temps. *Anvers, imprimé par Jacques Mesens, pour Bap. Vriendt*, 1598, in-fol., portr., v. br.

497. Antiquités de Noyon, par Moët de La Forte-Maison. *Paris, Aubry, s. d.*, in-8, fig., br.

498. Lettres sur Cambrai. Esquisses historiques, par Eug. Bouly. *Paris*, 1835, in-8, pap. vergé, dem.-rel., mar. vert.

499. Numismatique de Cambrai, par C. Robert. *Paris, et Rollin et Feuardent,* 1861, in-4, 56 pl. br.

500. Etudes numismatiques sur une partie du Nord-Est de la France, par C. Robert. *Metz*, 1852, in-4, 18 pl., br.

501. Sigillographie de Toul, par Charles Robert. *Paris, Rollin et Feuardent*, 1868, in-4, 41 pl., br.

502. Histoire des expéditions maritimes des Normands, et de leur établissement en France au Xe siècle, par Depping. *Paris, Didier*, 1843, in-8, dem.-v. f., avec coins.

503. Familles illustres de Normandie, étude historique et généalogique sur les Rouxel de Médavy Grancey dans les armées, à la Cour et dans l'Eglise, par M. Victor des Diguères. *Paris, Dumoulin*, 1870, in-8. portr., br.

504. Chansons normandes du XVe siècle, publ. pour la 1re fois sur les manuscrits de Bayeux et de Vire. *Caen, Le Gost-Clerisse*, 1866, pet. in-8, pap. vergé de Holl., dos et coins de mar. bl., tr. supér. dor.

Tiré à petit nombre.

505. Les Ecrivains normands au XVIIe siècle, par Hippeau. *Caen*, 1858, in-8, dem.-ch. vert.

506. Les La Boderie. Etude sur une famille normande, par le comte H. de La Ferrière-Percy. *Paris, Aubry*, 1857, in-8, dem.-ch. bl.

507. Monographie de la cathédrale de Chartres, publ. par MM. Lassus et Amaury Duval. *Paris*, 1846 et ann. suiv., 9 livrais. gr. in-fol.

508. Comptes de dépense de la construction du château de Gaillon, par Deville. *Paris, Imp. nationale*, 1750, in-4 cart., n. rog., avec atlas in-fol.

509. La Prinse du mont Saint-Michel de Jean de Vitel, poète Avranchois, publ. avec une introduction et des notes, par de Robillard de Beaurepaire. *Avranches*, 1861, in-8, grand papier vergé, dos et c. de mar. v., n. rog.

510. Caen, précis de son histoire, ses monuments, son commerce et ses environs. par Trébutien. *Caen, Hardel., s. d.*, in-12, fig., dem.-chagr.

511. Histoire du château et des sites de Saint-Sauveur-le-Vicomte, par Léopold Delisle. *Caen*, 1867, in-8 br.

512. Histoire de Flers, ses seigneurs, son industrie, par le comte H. de La Ferrière. *Caen*, 1855, in-8, fig., dem.-maroq. rou , n. rog.

Pap. vél.

513. Essai sur l'histoire de la côte Sainte-Catherine et des fortifications de la ville de Rouen, suivi de mélanges relatifs à

la Normandie. par Lion de Duranville. *Rouen*, 1857, in-8, fig., br.

514. Notice historique sur la ville de Torigny-sur-Vire et sur ses barons féodaux. *Saint-Lô, s. d.*, in-8, dem.-ch. rou.

515. Victor Advielle. Notice sur les communes de Condé, St-Paul, Le Theillement (Eure). — Une lettre inédite du maréchal d'Ancre, datée de Pont-Audemer. 2 br. in-8, tirées à 180 ex. (*Non mis dans le commerce.*)

CHAMPAGNE, BOURGOGNE, VENDÉE, ETC.

516. Histoire des ducs de Bourgogne, par de Barante, 7e édition. 12 vol. in-8, pap. vél., fig. et cartes, br.

517. Histoire de l'Eglise abbatiale et collégiale de Saint-Estienne de Dijon (par Cl. Fyot). *Dijon*, 1696, in-8 v.

518. Extrait d'un mémoire, servant à l'histoire des choses qui se sont passés en Bourgogne, pendant la première et seconde guerre civile au temps de la détention de Mrs les princes et après leur liberté envoyé à Mgr l'archevêque de Toulouse, par le sr Millotet, pet. in-fol. parch.

Manuscrit de 60 ff. d'une bonne écriture du commencement du XVIIIe siècle.

519. Monuments antiques de l'Anjou, ou Mémoire sur la topographie gallo-romaine de Maine-et-Loire, par V. Godard Faultrier. *Angers*, 1864, in-8 avec supplément et planches, broché.

520. Histoire des ducs de Guise, par R. de Bouillé, ancien ministre. *Paris*, 1849-50, 4 vol. in-8 brochés.

521. Dictionnaire typographique du département du Haut-Rhin, comprenant les noms anciens et modernes, par G. Stoffel. *Paris, I. I.*, 1868, in-4 br.

522. Etude sur une ville du moyen-âge et de l'ancien régime, par M. Sémichon. *Paris*, 1862, in-8 br.

523. Etude sur les Gites houillers et métallifères du Bocage vendéen, par H. Fournel. *Paris, I. R.*, 1836, in-4, et atlas, in-fol. cart.

524. Recherches sur le régime municipal dans le midi de la

France, au Moyen-Age, par Léon Clos. *Paris, l. l.*, 1853, in-4 br.

525. Histoire politique, religieuse et littéraire des Landes, depuis les temps les plus anciens jusqu'à nos jours, par Dorgan. *Auch*, 1845, gr. in-8, fig., br.

526. Histoire de la ville d'Autun, connue autrefois sous le nom de Bibracte, par Joseph Rosny. *Autun*, 1862, in-4 br. (*Avec carte.*)

527. Mémoires de la ville de Dourdan, par recueillis M. Jacques Delescornay, etc. *Paris, Bertrand Martin*, 1654, pet. in-8, v. br.(*Taches d'humidité.*)

Rare.

HISTOIRE DES PAYS ÉTRANGERS

528. Les Observations de plusieurs singularitez et choses mémorables, trouvées en Grèce, Asie, Judée, etc., rédigées par P. Belon du Mans. *Paris*, *Hier de Marnef*, 1588, in-4, fig. sur bois, v. fil.

529. Historia Byzantina auctore Car. Du Fresne du Cange, Lut. *Paris*, 1680, in-fol., fig., vél.

530. Chants héroïques des Montagnards et matelots grecs, trad. en vers français, par Népomucène Lemercier. *Paris, Urbain Canel*, 1824. — Suite des chants héroïques, etc. *Paris*, *ib.*, 1825, in-8, dem.-rel., n. rog.

531. Histoire ancienne et romaine, par Rollin, 7 vol. in-8, br.

532. Histoire Romaine, depuis la fondation de Rome, jusqu'à la translation de l'Empire par Constantin, traduite de l'anglais de Laurent Echard. *Paris*, 1728, 16 vol. in-12, fig., v. f.

Bel exemplaire aux armes de Montmorency Colbert.

533. Trois relations de l'époque du faux Démétrius, tirées de la bibliothèque impériale publique de St-Pétersbourg, 1862, in-8, br.

Cet ouvrage tiré à petit nombre n'a pas été mis dans le commerce.

534. Episode de l'histoire de Russie, les faux Démétrius, par Prosper Mérimée. *Paris*, 1854, in-12, d.-v. f.

535. Histoire sommaire des choses plus mémorables advenues aux derniers troubles de Moldavie, composée par M. J. B. (Baret). *Paris*, 1620, in-8, vél. bl., fil. or., tr. dor.

Jolie reliure du temps, malheureusement l'exempl. est piqué de vers dans la marge lattér.

536. Voyages très-curieux et très-renommez faits en Moscovie, Tartarie et Perse, par le Sr Adam Olearius, trad. de l'anglois, par le Sr de Wicquefort. *Leide*, 1719, 2 vol. in-fol., fig., v. br. (*Rel fatiguée.*)

537. Histoire de l'anarchie de Pologne et du démembrement de cette République, par Rulhière. *Paris*, *Desenne*, 1807, 4 vol. in-8, br.

538. Les Anecdotes de Suède, ou l'histoire secrète des changements arrivez dans la Suède sous le règne de Charles XI (par de Puffendorff). *La Haye*, 1716, in-12, v. gaufr.

539. Exposé de l'administration générale et locale de Royaume-Uni, par Bailly. *Paris*, *Didot*, 1837, 2 vol. in-8, dem.-v. ant.

540. Chroniques de London, depuis l'an 44, Henri III, jusqu'à l'an 17. Edw. III, by. G. James Aungier. *London*, 1844.— The Chronicle of Calais in the reigns of Henry VII, and Henry VIII, by S. Gough Nichols. *London*, 1846, 2 vol. pet. in-4, cart.

541. Bibliotheca selecta de literatura española o modelos de elocuencia y poesia, por P. Mendibil y M. Silvela. *Burdeos*, 1819, 4 vol. in-8, dem.-mar. Laval.

542. Voyage en Espagne, par M. le marquis de Langle. *S. l.*, 1785, 2 vol. in-18, dem.-maroq. rou., n. rog.

543. Chronicon Placentinum et Chronicon de rebus in Italia gestis, édidit et préfatione instruxit Huillard-Bréholles. *Parisiis*, *Plon*, 1856, in-4, pap. de Holl., br.

544. P. Aringhi. Roma subterranea. *Lut. Paris*, 1659, in-fol., nombreuses fig. in-fol. dem.-vél. (*Piqures de vers dans la marge des prem. ff.*)

545. Le Guide du voyageur en Egypte, ou Description des végétaux et des minéraux qui existent en Egypte, trad. de l'Italien de Jestini. *Paris*, 1803, in-8, avec carte, br.

Ce volume a la particularité d'être tiré sur papier d'assignats.

546. Voyage d'Orenbourg à Boukhara, fait en 1820, par le baron de Meyendorff et revu par Am. Jaubert. *Paris*, 1826, in-8, avec planches coloriées et cartes, broché.

NOBLESSE. — CHEVALERIE.

547. La science héroïque, traitant de la noblesse et de l'origine des armes, etc., par Marc de Vulson, sieur de la Colombière seconde édition, revue, corrigée et augmentée, etc. *Paris*, 1669, in-fol., v. br.

548. Nobiliana, Curiosités nobiliaires et héraldiques, par Chassant. *Paris*, *Aubry*, 1858, in-12, dem.-ch., v.

549. Les Nobles et les Vilains du temps passé, ou Recherches critiques sur la noblesse et les usurpations nobiliaires, par Alph. Chassant. *Paris*, 1857, in-12, pap. vergé, dem.-mar, Lavall., tr. supér. dor., n. rog,

550. Histoire généalogique et chronologique de la maison royale de Bourbon, etc., par N. L. Achaintre. *Paris*, 1825, 2 vol. in-8, dem.-rel.

551. La Noblesse de France aux croisades, par L. Roger. *Paris*, 1845, gr. in-8, avec fig. et gr., br.

552. La France chevaleresque et chapitrale, nouv. édit, revue et augmentée, par le vicomte de G***. *Paris*, 1787, in-18, dem.-rel. mar. r.

553. Calendrier des Princes et de la Noblesse de France, pour 1765 et 1769, 2 vol. in-12, v. et. br. — Etrennes de la Noblesse, pour 1771. *Paris*, 1771, in-12, v.

554. État de la France, ou les vrais marquis, comtes, vicomtes et barons, par le comte de Waroquier de Combles. *Paris*, 1783-35, 2 tomes en 1 vol. in-18, dem.-rel. Nombreux blasons.

555. Le Grand Armorial des Papes, par le baron E. de la Villestreux. 1 vol. in-fol., dem.-ch. r.

Ouvrage d'une grande rareté n'ayant été tiré qu'à vingt exemplaires.

556. Almanach de la cour de Russie. *St-Pétersbourg*, 1817, 2 vol. in-12, mar. r.

Cet almanach donne les listes complètes des chevaliers de tous grades des divers ordres de Russie.

557. Récréations historiques, antiques, morales et d'érudition, avec l'histoire des fous en titre d'office, par M. C. D. A.

(Dreux du Radier). *La Haye*, 1768, 2 vol. pet. in-8, v. f., fil. (*Bel exemplaire*).

BIOGRAPHIES.

558. Bibliothèque du sieur La Croix du Maine. *Paris*, *l'Angelier*, 1584, in-fol. port., v. éc., tr. dor.

Ex. aux armes de St-Ange.

559. Biographie universelle ancienne et moderne. *Paris*, *Michaud*, 1811-28, 52 vol. in-8, dem.-v.

Ex. en gr. pap.

560. Dictionnaire général de biographie et d'histoire, par Dezobry et Th. Bachelet, 4e édit. revue et augmentée, gr. in-8, dem.-rel.

561. Dictionnaire universel des contemporains, par Vapereau. *Paris*, 1872, gr. in-8, dem.-mar. r.

562. Honoré de Balzac, par Th. Gautier, publ. par E. Hédouin. *Paris*, 1860, in-12, port. gravé à l'eau-forte, br.

563. La Vie de St Bernard, premier abbé de Clairvaux, par de Villefore. *Paris*, 1704, in-4, réglé, v. br., tr. dor.

Bel exemplaire orné d'un beau portrait de St Bernard, gravé par Drevet.

564. La Vie de dom Armand Jean Le Bouthillier de Rancé, abbé régulier et réformateur du monastère de La Trappe, par l'abbé de Marsollier. *Paris Jean de Nully*, 1703, 2 vol. in-12, port., mar. Lavall., tr. dor. (*Hardy*.)

565. Les Vies de Jean Calvin et de Théodore de Bèze, mises en françois. *Genève*, 1681, in-12, dem.-ch.

566. Joh. Papirii massonis foresii Vita Johannis Calvini. *Berolini*, 1722, pet. in-4, dem.-ch. r.

567. Notes sur P. Corneille Blessebois. *S. l.* (*Leyde*), 1866, in-12, dos et coins de mar. bl.

Tirage à part à 30 ex. sur grand pap. de Hollande (n° 13].

568. La Vie de Ste-Elisabeth, fille du roy de Hongrie, duchesse de Turinge, première religieuse du Tiers-Ordre de

St-François, recueillie par le R. P. Apollinaire. *Paris*, 1660, pet. in-8, br.

569. Hisroire de Ste Elisabeth de Hongrie, duchesse de Thuringe. (1207-1231), par le comte de Montalembert. *Paris*, 1836, gr. in-8, fig. dem.-bas.

570. Vita et martyrina B. Justi Govdani cartusiæ Delphensis. *Bruxelles*, 1624, pet. in 4, parch.

571. La vie de la duchesse de la Vallière, où l'on voit une relation curieuse de ses amours et de sa pénitence, par ***. *Cologne Jean de la Verité*, 1695, in-12, mar. Lavall., tr. dor.

Bel ex. grand de marges.

572. Vita de Caterina de Medici, sagio-storico di Eug. Alberi. *Firenze*, 1838, gr. in-8, pap. vél., portraits ajoutés, br. (Peu commun.

573. Vie privée et ministérielle de M. Necker, par un citoyen (par Marat). *Genève*, 1790, in-8, portr., n. rel.—Vie de Josehp Balsamo, connu sous le nom de comte Cagliostro. *Paris*, 1791, in-8, port., n. rel.

574. Défense de B. Pascal de Newton, Galilée, Montesquieu, etc., contre les faux documents présentés par M. Chasles à l'Académie des sciences. par M. Faugère. *Paris*, in-4, br.

575. Mémoires pour la vie de François Pétrarque, tirés de ses œuvres et des auteurs contemporains, avec des notes, etc. (par l'abbé de Sade). *Amsterdam*, 1764-67, 3 vol. in-4, v. m.

BIBLIOGRAPHIE.

576. Les collectionneurs de l'ancienne Rome, notes d'un amateur. *Paris*, *Aubry*, 1867, pet. in-8, dem.-rel.

Tiré à petit nombre. Epuisé.

577. La Librairie de Jean, duc de Berry, au château de Mehun-sur-Yevre (1416), par Hiver de Beauvoir. *Paris*, *Aubry*, 1860, pet. in-8, br.

578. De l'état réel de la Presse et des pamphlets, depuis François 1er jusqu'a Louis XIV, par C. Leber. *Paris*, *Techener*, 1834, in-8, br.

579. Eléments de paléographie, par M. Natalis de Vailly. *Paris, Imp. Roy.*, 1828, 2 vol. in-fol., nomb. pl. cart., non rog.

580. Ornements des Manuscrits, par Ch. Mathieu, suivis d'une notice et d'un texte explicatif, par Ferdinand Denis. 2 vol. in-12, orn. en couleur, dem.-ch. rouge.

581. Variétés historiques, physiques et littéraires, ou Recherches d'un sçavant, conten. plusieurs pièces curieuses et intéressantes. *Paris*, 1752, 3 tomes en 4 vol. in-12, v. m.

582. Histoire des journaux et des journalistes de la Révolution Française (1789-1796), par Léon. Gallois. *Paris*, 1845, 2 vol. gr. in-8, port., dem.-bas.

583. Bibliothèque historique de la France, etc., par feu Jacques Lelong, nouvelle édition, revue, corrigée et considérablement augmentée, par Fevret de Fontette. *Paris*, 1768-1778, 5 vol. in-fol., bas.

584. Nouveau dictionnaire portatif et bibliographique. 2ᵉ édit. revue et augmentée, par Fournier. *Paris*, 1809, in-8, dem.-v. f.

585. Manuel du Bibliophile, ou Traité du choix des livres, par G. Peignot. *Dijon*, 1823, 2 vol. in-8, br.

586. Annales de l'Imprimerie elzevirienne, ou Histoire de la famille des Elzeviers, par Ch. Pieters. *Gand*, 1851, in-8, dem.-mar. r.

587. Les Elzevir de la bibliothèque impériale publique de St-Pétersbourg, 1862, in-12, dos et coins, dem.-br.

Cet ouvrage pub. par M. R. Minzloff, conservateur de la bibliothèque impér. et dédié à M. le comte Ratoptchim n'a pas été mis dans le commerce.

588. L'art de la reliure en France aux derniers siècles, par Ed. Fournier. *Paris J. Gay*, 1864, in-12, dem.-mar. bleu, n. rog.

Tiré à petit nombre. Devenu rare.

589. Histoire de la bibliothèque mazarine, par Alf. Franklin. *Paris, Aubry*, 1860, pet. in-8, br.

590. Essai historique sur la bibliothèque du roi aujourd'hui bibliothèque impériale, par Le Prince, nouvelle édition, publiée par M. L. Paris. *Paris*, 1856, in-12, cart. à la Bradel, non rog.

591. Recherches sur les bibliothèques anciennes et modernes, par Petit-Radel. *Paris*, 1819, in-8, br.

592. Catalogue des cartes géographiques, topographiques et

marines de la bibliothèque du prince Alex. Labanoff de Rostoff. *Paris, Didot*, 1823, in-8. br.

Ce catalogue est très-rare, n'ayant pas été mis dans le commerce. Cette collection a été achetée par la bibliothèque de Saint-Pétersbourg.

593. Deux années de mission à St-Pétersbourg, manuscrits, lettres et documents historiques sortis de France en 1789, par le comte Hector de La Ferrière. *Paris, I. I.*, 1867, in-8, dem.-mar. bl., non rog.

594. The autograph miscellany of collection de autograph lettres. *London, Netheerclift et Durlacher*, 1 vol. in-folio, cart.

595. Catalogue of extraordinary collection of books and mss. almost wholly relating to the history and litterature of north and south america, by men. Puttick et Simpson. *London*. 1869, in-8, br. 2962 n[os]

596. Notice sur la bibliothèque d'Aix, dite de Méjanes, précédée d'un essai sur l'histoire de cette ville, sur ses anciennes bibliothèques publiques, sur ses monuments, etc., par E. Rouard. *Paris, Aix*, 1831, in-8, dem.-rel.

597. Catalogue des livres rares et précieux composant la bibliothèque d'un amateur (M. Léon Tripier). *Paris, Potier*, 1854. — Catalogue d'une collection de livres rares et précieux sur la chasse, anciens poètes français, romans, contes, facéties à vendre à la librairie de L. Potier. *Paris*, 1859, in-12, pap. vergé, v. n., fil., tr. supér. dor., n. rog. (*Imprimés en caractères elzéviriens.*)

598. Bulletin du bouquiniste, pub. par Aug. Aubry. *Paris*, 1857, 25 vol. in-8, br.

599. Le Livre et la petite bibliothèque d'amateur, par G. Mouravit. *Paris, Aubry, s. d.*, in-8, br.

600. Variétés historiques, physiques et littéraires, ou Recherches d'un sçavant, contenant plusieurs pièces curieuses et intéressantes. *Paris, Nyon et Guillyn*, 1752, 2 tomes en 6 vol. in-12, v. m.

HISTOIRE DE PARIS.

TOPOGRAPHIE.

601. Recherches Critiques, historiques et topographiques sur la ville de Paris, etc., par le sieur Jaillot. *Paris*, 1775, 5 vol. in-8, v. marb. Les plans qui accompagnent cet ouvrage ont été réunis dans un atlas in-fol., cart.

602. Mémoire Historique et critique sur la topographie de Paris, où l'on critique l'histoire de l'emplacement de l'ancien hôtel de Soissons, par M. Terrasson. *Paris*, *A. M. Lottin*, 1771, in-4, br.

603. La Géographie, ou Description générale du royaume de France divisé en ses généralités, par Dumoulin. *Amst.*, 1762, in-8.

Tome 1er contenant la généralité de Paris.

604. Séjour de Paris, c'est-à-dire instructions fidèles pour les voyageurs de condition, commentils se doivent conduire, s'ils veulent faire un bon usage de leur temps, et de leur argent durant leur séjour à Paris, comme aussi une description suffisante de la Cour de France, du Parlement de l'Université, des académies et bibliothèques avec une liste des plus célèbres savants, artisans, et autres choses remarquables qu'on trouve dans cette grande et fameuse ville, par le sieur J. C. Némeitz. *Leide*, 1727, 2 tomes en 1 vol. in-12, grav. v. fauve (portant sur la couverture Club des Arcades).

Rare.

605. Séjour de Paris, par Nemeitz. *Leide*, 1727, 2 tomes en 1 vol. in-12, fig., vél.

Bel exemplaire grand de marge, et très beau d'épreuves.

606. Les rues et les environs de Paris, contenant, les rues, carrefours, culs-de-sac, les églises, chapelles, couvents, les villes, villages, hameaux, châteaux, etc,. par ordre alphabétique. *Paris*, 1757, 2 tomes en 1 vol. in-12, bas.

607. Le Géographe parisien, ou le conducteur chronologique et historique des rues de Paris, orné de sept plans d'accroisse-

ments et de vingt plans détachés, par Le Sage. *Paris*, 1769, 2 vol. in-8, v. m.

608. Réfutation d'un mémoire prétendu historique et critique, sur la topographie de Paris, dans lequel le bibliothécaire et historiographe de la ville, à attaqué l'histoire de l'ancien emplacement de l'ancien hôtel de Soissons (par Terrasson). *Paris*, 1772, in-4, br.

609. Addition à la réfutation du mémoire prétendu historique et critique sur la topographie de Paris, donné par l'historiographe de la ville (par Terrasson). *Paris*, 1773, in-4, br.

610. Panorama de Paris et de ses environs, ou Paris vu dans son ensemble et dans ses détails. *Paris, an XIII*, 1805, 2 vol. in-12, broch.

611. La Topographie de Paris, ou plan détaillé de la ville et de ses faubourgs, par Maire. *Paris*, 1808, in-8, avec 20 planches cart.

612. Recherches Statistiques sur la ville de Paris et le département de la Seine, recueil de tableaux dressés et réunis d'après les ordres du préfet de la Seine (Chabrol). *Paris*, 1821, in-8, cart.

613. Recherches statistiques sur la ville de Paris et le département de la Seine, Recueil de tableaux dressés et réunis par les ordres des préfets de la Seine. Année 1821 (tome 1er). 2e édition, année 1823 (tome II), 2e édition, année 1829 (tome IV). Paris, 1829, années 1827-1836, (tome V.). *Paris*, in-4, 4 vol. br.

614. Panorama de la ville de Paris, et guide de l'étranger à Paris, etc., par J.-A. Dulaure. *Paris*, 1824, in-18, fig. et cartes. dem.-v.

615. Recherches statistiques sur la ville de Paris, et le département de la Seine, Recueil de tableaux dressés et réunis par les ordres de M. le comte de Chabrol. *Paris*, 1826, in-4, br.

616. Dictionnaire administratif et historique des rues de Paris, et de ses Monuments par Félix et Louis Lazare. *Paris*, 1844, in-4, dem.-v. f.

617. Rapports sur les fouilles des Célestins (en 1847), par A. Thierry. *Paris*, 1852, br. in-4,

618. Projet des embellissements de la ville et faux bourgs de Paris, par Poncet de la Grave. *Paris*, *Duchesne*, 1756, 3 part. en 1 vol. in-8, v. marb.

619. Observations sur les embellissements de Paris, et sur les

Monuments qui s'y construisent, par Goulet. *Paris*, 1808, in-8, cart. dem.-rel.

620. Description de la ville et des faux bourgs de Paris, en vingt planches, etc., par Jean de la Caille. *Paris*, 1714, gr. in-fol. dem.-rel.

621. Etat ou tableau de la ville de Paris (par de Beaumont). *Paris*, 1763, in-8, v.

622. Tableau de Paris, par Mercier, nouvelle édition corrigée et augmentée. *Amst.* 1788, 12 tomes. en 6 vol. in-8, dem.-rel.

623. Etat actuel de Paris ou le Provincial à Paris. *Paris, Watin*, 1788, 4 vol. in-24, — 3 vol., mar. rouge, fil., tr. dor. ; — 1 (Le quartier du Louvre). v. marb. (Avec 5 cartes dans un étui.)

624. Le Nouveau Paris par le cit. Mercier. *Paris. Fuchs, Ch. Pougens et Ch. Fr. Cramer, s. d. (an VII)*, 6 tomes en 3 vol. in-8, cart.

625. Miroir historique. polititique et critique de l'ancien et du nouveau Paris, et du département de la Seine, etc., par L. Prud'homme, 3e édition considérablement augmentée, ornée de 116 gravures. *Paris*, 1807, 6 vol. in-18, cart. dos toile.

626. Le Pariséum, ou Tableau actuel de Paris, publié par Piranesi, propriétaire. 2e édition, revue, corrigée et considérablement augmentée par J.-F -C. Blanvillain, *Paris*, 1809, in-12, cart. dem.-rel.

627. Voyage pittoresque de Paris (par d'Argenville), sixième édition. *Paris, frères de Bure*, 1778, in-12, fig., v. marb.

628. Nouvelle description de la ville de Paris et de tout ce q'elle contient de plus remarquable par Germain Brice, huitième édition revue et augmentée, enrichie d'un nouveau plan et de nouvelles figures. *Paris, J. M. Gandouin et F. Fournier*, 1725, 4 vol. in-12, v. br.

629. Description de Paris, de Versailles, de Marly, de Meudon, de Saint-Cloud, de Fontainebleau et de toutes les autres belles maisons et châteaux des environs de Paris. par Piganiol de la Force. *Paris, Th. Legras*, 1742, 8 vol. in-12, fig., v. mouch.

630. Description de la ville de Paris, et de tout ce qu'elle contient de plus remarquable, nouvelle édition enrichie d'un nouveau plan et de nouvelles figures, par Germain Brice. *Paris, les libraires associés*, 1752, 4 vol. in-12, v. marb.

631. Description historique des curiosités de l'église de Paris,

etc., par C. P. G. (C. P. Gueffier), ornée de figures. *Paris, Gueffier* père, 1763, in-12, fig., v. fil.

632. Description historique de la ville de Paris et de ses environs, par Piganiol de la Force, nouvelle édition, revue, corrigée et considérablement augmentée. *Paris*, 1765, 10 vol. in-12, fig., v. marb.

633. Description historique de Paris, et de ses plus beaux Monuments gravés en taille-douce, par F. N. Martinet ; pour servir d'Introduction à l'histoire de Paris et de la France ; ouvrage dédié au roi, tomes 2 et 3, par Beguillet et Poncelin. *Paris*, 1779-1781, 2 vol. gr. in-8 carré, avec frontispices gravés et nombreuses planches, v. marb. filet.

634. Nouvelle description des curiosités de Paris, etc., par J. A. Dulaure, seconde édition corrigée et augmentée. *Paris*, 1787, 2 vol. in-18, v. marb.

635. Description de Paris et de ses édifices, avec un précis historique et des observations sur le caractère de leur architecture, etc., par J. G. Legrand et C. P. Landon. — seconde édition. *Paris*, *Treuttel et Wurtz*, 1818, avec de nombreux plans et gravures. 2 vol. in-8, cart., non rogn.

636. Essais sur l'histoire médicotopographique de Paris, etc., nouvelle édition, par Menuret. *Paris*, 1804, in-12, br.

637. Le Citoyen désintéressé, ou diverses idées patriotiques concernant quelques établissements et embellissements utiles à la ville de Paris, etc., ornés de figures en taille-douce et de plans gravés par M. Dussautoy. *Paris*, 1767, 2 part. en 1 vol. in-8, v. m.

HISTOIRE GÉNÉRALE.

638. Description de la ville de Paris au XVe siècle, par Guillebert de Metz, publ. par M. Le Roux de Lincy. *Paris*, *A. Aubry*, 1855, in-12, pap. vergé, br.

639. Rodolphi Boterei in magno Franciæ Consilio Advocati Lutetia ejusdem ad. Paul. V. pont. max. postulatio. Adriuncta est descriptio Lutetæ Parisiorum, authore Eustathio à Knobelsdorf Pruteno, edita apud Vuechelum anno 164[illegible]. *Lutetiæ Parisiorum, Petri Chevalier*, 1611, in-8, parchemin.

640. Plan de Paris, dessiné par Louis Bretez et gravé par C. Lucas. (Plan de Turgot). *Paris*, 1739, in-fol., 20 planches et un plan d'assemblage, v. m.

641. Plan topographique et raisonné de Paris, dédié à Monseigneur le duc de Chevreuse, par les sieurs Pasquier et Denis, graveurs. *Paris*, 1758, in-12, cart.

Plan très-curieux, renfermant de très-jolies vignettes. A la suite du vol. on a relié : *Le Trésor de l'abbaye royale de Saint-Denis, en France. Paris*, 1741. — *Les raretez qui se voyent dans l'Eglise royale de Saint-Denis*, 1742. — *Les Tombeaux des rois, des reines et des autres qui sont dans l'Eglise royale de Saint-Denis*, 1742.

641. *bis.* — Le même. 1752, in-12, v. br.

642. Plan de la ville et fauxbourgs de Paris, divisé en 20 quartiers, par Deharme. *Paris*, 1763, in-4, cart.

643. Plan de la ville de Paris et de ses faubourgs, par Lattré, 1765. (Colorié), 1 feuille.

644. Nouveau plan de Paris et de ses environs, par Brion et de La Grive, 16 pl. gr. in-fol. cart.

645. Description des Catacombes de Paris, précédée d'un précis historique sur les Catacombes de tous les peuples de l'ancien et du nouveau Continent, par L. Héricart de Thury. *Paris*, 1815, in-8, fig. et cartes dem.-rel.

646. Essai sur les cloaques ou égoûts de la ville de Paris, par A.-J.-B.-B. Parent-Duchâtelet. *Paris*, 1824, in-8, br.

647. Projet d'amener à Paris la rivière d'Yvette, nouvelle édition, mise en ordre et publiée par Antoine Deparcieux, suivie d'un Mémoire de M. Perronet sur les moyens de conduire à Paris une partie de l'eau des rivières de l'Yvette et de la Bièvre. *Paris*, 1776, in-4, avec portrait et plans, v. m.

648. Recherches sur les eaux publiques de Paris, les distributions successives qui en ont été faites et les divers projets qui ont été proposés pour en augmenter le volume, par P. S. Girard. *Paris, impr. imp.*, 1812, in-4, br., avec 4 cartes.

649. Mémoires sur les inondations de Paris, par P. Egault. *Paris*, 1814, in-4, br.

650. Notice sur les jauges de la rivière d'Ourcq et de ses affluents, par P. S. Girard. *An XII*, br., in-4.

651. Rapport d'une commission d'ingénieurr sur la situation des travaux du canal de l'Ourcq, au 1er janvier 1716, imprimé par ordre de M. le comte de Chabrol, avec planches. *Paris*, 1819, in-4, br.

652. Dissertation sur l'état de l'industrie et du commerce de

Paris au XIIIe siècle, par Depping. *Paris,* 1837, in-4, br.

653. Paris tel qu'il a été, tel qu'il est et tel qu'il sera dans dix ans, etc., par Ch. Lambert (de Bélan). *Paris,* 1808, in-12, bas.

654. Mémorial parisien, ou Paris tel qu'il fut, tel qu'il est, par P.-J.-S. Dufey (de l'Yonne). *Paris,* 1821, in-12, br.

655. Dictionnaire topogr., hist. et étymologique des rues de Paris, accompagné d'un plan de Paris, par J. de la Tynna. 2e édition. *Paris,* 1817, in-12, cart., dem.-v.

656. Histoire de la ville de Paris, contenant ce qui s'est passé de remarqnable depuis le commencement de la Monarchie jusqu'à Louis XV; les priviléges accordés aux habitants de Paris, les noms des rues, etc. *Paris, Pierre-François Giffart.* 1725, 5 vol. in-12, accompagnés de cartes, v. br.

Abrégé de l'histoire de Dom Félibien et Dom Lobineau, attribué à L.-F.-J. de la Barre et à l'abbé Des Fontaines.

657. Nouvelles Annales de Paris jusqu'au règne de Hugues-Capet, joint le poëme d'Abbon sur le fameux siége de Paris, par les Normands en 885 et 886, etc., par D. Toussaints du Plessis. *Paris,* 1753, in-4, v. marb.

658. Rod. Boterci Lutetia, ejusdem ad Paul. V. Pont. Max. Postulatio adjuncta est descriptio Lutetiæ parisior. Authore Eustathio à Knobelsdorf Prutens, edita apud Vuechelum anno M.D.XLIII. *Lutetiæ Parisior., ex typ. R. Thierry,* 1611, In-8, mar. rou., dent. intér., tr. dor.

Bel exemplaire relié par Hardy.

659. Abrégé des Annales de la ville de Paris, contenant tout ce qui s'est passé de plus mémorable depuis sa première fondation jusques à présent, etc (par François Colletet). *Paris, Jean Gnignard,* 1664, in-18. v. brun. (*Rare.*)

660. Essais historiques sur Paris, par Poullain de Sainfoix. 5e édition. *Paris, Ve Duchesne,* 1776, 7 vol. in-12, v. marbr.

661. Essais historiques sur Paris, pour faire suite aux essais de M. Poullain de Saint-Foix, par Aug. Poullain de Saint-Foix. *Paris, A.-G. Debray et Philibert Lenoir, an XIII,* 1805, 2 vol. in-12, cart., dem.-rel.

662. Tableau historique et pittoresque de Paris, depuis les Gaulois jusqu'à nos jours, par J.-B. de Saint-Victor. *Paris,* 1808-1809, 3 vol. in-4, avec plans et vues de monuments, dos et coins mar. r., fil., n. rogn.

663. Histoire civile, physique et morale de Paris, par J.-A.

Dulaure. 3e édition, revue et corrigée, ornée de gravures nouvelles. *Paris, Baudouin*, 1825-1826, 10 vol. in-12, dem.-rel., avec atlas in-4 oblong, et plans réunis en atlas in-folio, cart.

664. Histoire de Paris. composée sur un plan nouveau, par G. Touchard-Lafosse. *Paris*, 1833-1834, 5 vol. in-8, avec atlas in-4 oblong, cart., dos toile.

665. Dictionnaire historique de Paris, par A. Béraud et P. Dufey. *Paris*, 1825, 2 vol. in-8, avec plans, dem.-rel.

666. Le Siége de Paris par les Normands en 885 et 886, poëme d'Albon, avec la traduction en regard, accompagnée de notes explicatives et historiques, par N.-R. Taranne. *Paris, impr. roy.*, 1834, in-8, dem.-rel., dos v.

667. Souvenirs de Paris en 1804, par Auguste Kotzebue, traduit de l'allemand sur la 2e édition, avec des notes. *Paris, an XIII*, 1805, 2 vol. in-12, br.

668. Mémoire sur la défense de Paris (septembre 1870, janvier 1871), par M. E. Viollet le Duc, 1 vol. in-8, fig. sur bois, dans le texte et atlas in-4 de 12 cartes gravées par Erhard, impr. en couleurs, br.

669. Les Antiquitez, chroniques et singularitez de Paris, ville capitale du royaume de France, par Gilles Corrozet, Parisien, et depuis augmentées par N. B. (Nicolas Bonfons). *Paris, Nicolas Bonfons*, 1586. — Les Antiquitez.... Livre second : De la sépulture des roys et roynes de France, princes, princesses et autres personnes illustres, representez par figures, et recueillis par Jean Rubel, M. Paintre. *Paris, Ib.* 1588, 55 fig. sur bois, pet. in-8. v. (*Le titre de la 1re partie est doublé, piqûres de vers dans le bas de la marge.*)

670. Les fastes, antiquitez et choses plus remarquables de Paris, labeur de curieuse et diligente recherche, par Pierre Bonfons, Parisien. *Paris, Nicolas et Pierre Bonfons*, 1605, pet. in-8, fig. sur bois, v.

671. Le Théâtre des antiquitez de Paris, par le R. P. F. Jacques du Breuil, Parisien. *Paris, Claude de La Tour*, 1612, fig. Suivi du : Supplementum antiquitatem urbis parisiacæ, quoad sanctorum Germani a Pratis et, Mauri fossatensis cœnobio, par le même. *Paris, Jean Petit-Pas*, 1614, in-4, v. br.

Peu commun. Le supplément manque souvent.

672. Supplément des antiquitez de Paris, par D. H. I., advocat en Parlement. *Paris, par la Société des imprimeurs*, 1639, in-4, br.

673. Hadriani Valesii disceptationis de Basilicis defensio ad versus Joh. Launoii theologi parisiensis de ea judicium ejusdem de vetustioribus Lutetiæ Basilicis Liber. *Parisiis, Joh. du Puis*, 1660, in-8, v. brun.

674. Histoire et recherches des antiquités de la ville de Paris, par Mº Henri Sauval. *Paris*, 1724, 3 vol. in-fol., v. br.

675. Paris et ses curiosités, avec nne notice historique et descriptive des environs de Paris. *Paris, an XII* (1804), 2 tom. en 1 vol. in-12, dem.-rel.

676. La Seine et ses bords, par Ch. Nodier, illustrés de 54 gravures sur bois et de 4 cartes de la Seine. *Paris*, 1837, in-8, dem.-ch. rou., tr. supér. peigne.

677. Chronique métrique de Godefroy de Paris, suivie de la taille de Paris en 1313, publiées pour la première fois, par J.-A. Buchon. *Paris*, 1827, in-8, dem.-rel.

678. Historia ecclesia Parisiensis auctore Gerardo Dubois (edita curis, PP. Barth. de La Ripe et Pet. Nic. Des Molets). *Parisiis*, 1690 et 1700, 2 vol. in-fol., v. br. (*Peu commun.*)

679. Eloges historiques des évesques et des archevesques de Paris (par Estienne Algay de Martignac), avec des portraits des archevêques en tête des éloges. *Paris*, 1698, in-4, v. br.

Très-beaux portraits de Pierre, cardinal de Gondy, de Henry de Gondy, cardinal de Retz, de Jean Fr. de Gondy, archevêque de Paris, de Jean Fr. Paul de Gondy, cardinal de Retz, de Hardouin de Perefixe, archev. de Paris, de François de Harlay.

680. Histoire abrégée de l'église, de la ville et de l'Université de Paris (par Grancolas, docteur de la Faculté de Paris). *Paris, J.-B. Lemesle*, 1728, 2 vol. in-12, v. br.

681. L'Entrée triomphante de Leurs Majestés Louis XIV, roi de France et de Marie-Thérèse d'Austriche, son épouse dans la ville de Paris. 1662, gr. in-fol., fig., v. br.

682. Fête donnée à l'Hôtel-de-Ville de Paris, en l'honneur de S. M. la reine Victoria. *Paris*, 1856, in-fol., 20 pl. photogr. cart. en toile.

683. Paris ancien et nopveau, ouvrage très-curieux où l'on voit la fondation, les accroissements, le nombre des habitants et des maisons de cette grande ville, etc., par C. Le Maire. *Paris, Vaugon*, 1685, 3 vol. in-12, v. porph., filets dorés.

684. Les curiositez de Paris, de Versailles, de Marly, de Vincennes, de Saint-Cloud et ses environs, avec les antiquitez justes et précises sur chaque sujet, par M. L. R. (C. Saugrain). Nouvelle édition, revue, corrigée et augmentée. *Pa-*

ris, Saugrain, 1742-1753, 2 vol. in-12, v. br. (*Nombreuses figures.*)

685. Mémorial de Paris et de ses environs. Nouvelle édition, considérablement augmentée (par l'abbé Antonini, augmenté par l'abbé Raynal). *Paris, Bauche fils,* 1749, 2 vol. in-12, avec cartes, titres gravés, v.

686. Recueil factice, contenant : Histoire de Montmartre. — Etat physique de la Butte. — Ses chroniques. — Son abbaye. — Sa chapelle du martyre. — Sa paroisse, son église et son calvaire. — Clignancourt, par D. J. F. Cheronnet, revue et publiée par M. l'abbé Ottin, curé de Montmartre. *Paris,* 1843. — Essai sur l'histoire de Sainte-Geneviève, patronne de Paris. *A Paris,* 1784. — Rapport fait au Directoire du département de Paris, le 13 novembre 1792, sur l'état actuel du Panthéon français, etc., par Ant. Quatremère, imprimé par ordre du Directoire. — Extrait du premier rapport présenté au Directoire dans le mois de mai 1791, sur les mesures propres à transformer l'église dite de Sainte-Geneviève en Panthéon français, par le même. *Paris,* 1792. — Fête donnée le 15 décembre 1823 à l'Hôtel-de-Ville de Paris. Notice sur les tableaux et sculptures formant la décoration de la salle dite du Café. *Paris,* 1823, et in-12, dem.-rel.

Curieux recueil.

687. Paris, histoire véridique, anecdotique, morale et critique, avec la clef, par M. Chevrier. *La Haye,* 1767, in-12, cart.

688. Histoire critique de Nicolas Flamel et de Pernelle, sa femme, recueillie d'actes anciens qui justifient l'origine et la médiocrité de leurs fortune contre les imputations des alchimistes. On y a joint le testament de Pernelle et plusieurs autres pièces intéressantes, par M. L. V. (Villain). *Paris, G. Desprez,* 1761, in-12, fig., v. f.

689. Le Nouveau Paris, histoire de ses 20 arrondissements, par Em. de La Bédollière, illustrations de Gustave Doré, cartes topogr., par Desbuissons. *Paris, G. Barba, s. d.,* gr. in-8 à 2 col., dem.-ch.

HISTOIRE DES MONUMENTS.

691. Le Château des Tuileries, ou Récit de ce qui s'est passé dans l'intérieur de ce palais depuis sa construction jusqu'au 18 brumaire de l'an VIII, par (Roussel). *Paris*, 1802, 2 vol. in-8, fig. v.

692. Plans du Palais-Royal à diverses époques (1679-1829), six planches par Hibon. *Paris*, in-4. dem.-rel.

693. Souvenirs historiques des résidences royales de France. Le Palais-Royal, par J. Vatout. *Paris*, 1838, in-8. br.

694. Histoire du Palais-Royal. *Paris*, 1830, in-8 pap. vélin, mar. bl., fil., orn. sur les plats, tr. dor. (*Simier.*)

695. Description historique de la basilique métropolitaine de Paris, par Gilbert. *Paris*, *Le Clère*, 1821, in-8. figures, br.

696. Cartulaire de l'église Notre-Dame, par Guérard. *Paris*, *Crapelet*, 1850, 4 vol. in-4, br.

697. L'histoire ecclésiastique de la Cour, ou les Antiquités et recherches de la chapelle oratoire du roi de France, etc., par Guillaume du Peyrat. *Paris*, 1645, in-fol. v.

698. Histoire de la Ste-Chapelle royale du palais, enrichie de planches, par Sauveur Jérôme Morand. *Paris*, *Clouzier et Prault*, 1790, in-4, fig. br.

699. La Sainte Chapelle du Palais à Paris, histoire archéologique, descriptive et graphique, par MM. Decloux et Doury, 1 vol. in-fol. de 25 pl., dem.-ch. r.

700. Description générale de l'Hostel royal des Invalides, etc. avec les plans, profils et élévations de ses faces, coupes et appartements, par L. J. D. B. (Le Jeune de Boullencourt). *Paris*, 1783, in-fol. v. br.

701. Histoire de l'hôtel royal des Invalides, par Jean-Joseph Granet, enrichie d'estampes, etc., dessinées et gravées par Cochin, *Paris*, 1736, in-fol., fig., v. fauve, tr. dor. (*Bel exemplaire.*)

702. Description de l'hôtel impérial des Invalides et du Tombeau de l'empereur Napoléon 1er, pub. avec l'autorisation spéciale du ministre de la guerre. *Paris*, 1853, in-8, br.

703. La Colonne de la Grande Armée d'Austerlitz ou de la

Victoire, monument triomphal érigé en bronze sur la place Vendôme de Paris, description accompagnée de 38 planches, par Ambroise Tardieu. *Paris*, 1823, in-4, br.

704. L'Inquisition françoise, ou l'Histoire de la Bastille, enrichie de figures, par Constantin de Renneville, le 1er volume seulement. *Amsterdam*, 1715, in-12, v. br.

705. La Bastille dévoilée, ou Recueil de pièces authentiques pour servir à son histoire. *Paris*, 1789, in-8, cart. dem.-veau.

4e et 5e livraisons, contenant un registre d'entrée et de sortie des prisonniers mis à la Bastille depuis le 17 juillet 1768 jusqu'au 5 mai 1782 et des notes relatives à une partie de ces mêmes prisonniers, depuis 1775, jusqu'au 19 décembre 1778.

Dans le même vol. : Tableau de la valeur des assignats, par Bailleul. — Sur les mesures à prendre pour réprimer et arrêter les émigrations. — Rapport de Lucien Bonaparte sur l'organisation des cultes, etc., etc.

706. Mémoires historiques et authentiques sur la Bastille dans une suite de près de trois cents emprisonnements, détaillés et constatés par des pièces, notes, etc., rangés par époque, de 1475 jusqu'à nos jours. *Londres*, 1789, 3 vol. in-8, fig., bas.

707. Histoire de la détention des philosophes et des gens de lettres, à la Bastille et à Vincennes, précédée de celle de Fouquet, de Pellisson et de Lauzun, par J. Delort. *Paris*, *Didot*, 1829, 3 vol. in-8, fig. br.

Curieux et peu commun.

708. Le Châtelet de Paris, par Ch. Desmaze, *Paris*, *Didier*, 1863, in-8, br.

709. Essai d'une histoire de la paroisse de Saint-Jacques-de-la Boucherie, avec plans gravés en taille-douce, par L*** V*** (Etienne-François Villain). *Paris*, 1758, in-12, v. mar.

710. Ordre des cérémonies qui doivent être observées pour la bénédiction d'une cloche de l'église de St-Jacques de la Boucherie de Paris. *Paris*, 1780, in-12, v. gr.

711. Mémoires historiques relatifs à la fonte et à l'élévation de la statue équestre de Henri IV sur le terre-plein du Pont-Neuf à Paris, avec gravures à l'eau-forte, par Ch. Lafolie. *Paris*, 1810, in-8, dem.-rel.

712. Voyage autour du Pont-Neuf et promenade sur le quai aux Fleurs, par Rossignol Passe-Partout. *Paris* 1824, in-18, br.

713. Histoire de l'abbaye royale de Saint-Germain-des-

Prez, etc,, enrichi de plans et de figures, par dom Jacques Bouillart. *Paris*, 1724, in-fol., fig., cart.

714. Les Eglises et Monastères de Paris, pièces en prose et en vers des XIIe, XIIIe et XIVe siècles, publiées par Bordier. *Paris, Aubry*, 1856, in-8, pap. vert, br. n. rog.

Tiré à 8 exemplaires sur papier de couleur.

715. Mémoire historique sur le dôme du Panthéon français, divisé en quatre parties, etc., par J. Rondelet. *Paris, an V*, 1797, in-4, cart.

716. Histoire de la Sorbonne, par l'abbé G. Duvernet. *Paris*, 1790, 2 vol. in-8, v. éc.

717. Le marquis de Lassay et l'hôtel de Lassay, aujourd'hui hôtel de la présidence, par Paulin Paris. *Paris, Techener*, 1848, br. in-8.

718. Paris à la fin du XVIIIe siècle, ou Esquisse historique et morale des monuments et des ruines de cette capitale, etc., par J. B. Pujoulx, seconde édition. *Paris, an IX*, 1801, in-8, cart.

719. Paris et ses monuments, mesurés, dessinés et gravés, par Baltard, avecdes descriptions histor. par le Cit. Amaury, Duval, Le Louvre. *Paris, au XI*, 1803, gr. in-fol., pl. cart. grand papier. (*Ex. taché.*)

720. Paris et ses Monuments, mesurés, dessinés et gravés, par Baltar, avec des descriptions historiques par le cit. Amaury Duval. Louvre, château d'Ecouen, Saint-Cloud. *Paris, an XI*, 1803, in-fol. pl., cart.

721. Voyage pittoresque et sentimental au champ de repos sous Montmartre et à la Maison de campagne du père Lachaise à Mont-Louis, par Ant. Caillot. *Paris*, 1808, in-12, avec gravure, br.

722. Dictionnaire historique et descriptif des monuments religieux, civils et militaires de la ville de Paris, par B. de Roquefort. *Paris*, 1826, in-8, avec gravures, cartonné, dos toile.

723. Itinéraire de l'artiste et de l'étranger dans les églises de Paris, ou Etat des objets d'art commandés depuis 1816 jusqu'en 1830 par l'administration de cette ville, par Grégoire. *Paris*, 1833, in-8, br.

724. Description de Paris, des édifices publics de cette capitale et de toutes les communes du département de la Seine, ornée de 40 gravures et de 15 portraits gravés sur acier et

d'une carte du département. *Paris, F. Didot*, 1838, in-8, br.

Fait partie du Guide pittoresque du voyageur en France,

725. Statistique monumentale de Paris, pub. par Alb. Lenoir. *Paris*, 1846 et ann. suivantes, gr. in-fol., pl. 36 livr. et 1 vol. in-4 de texte.

726. Examen critique du projet d'agrandissement et de construction des halles centrales d'approvisionnement pour la ville de Paris, et nouveau projet proposé par Hector Horeau. 1845, br. in-4, avec plan.

727. Plan, coupe, élévation et détails du nouveau marché St-Germain, par J. Blondel et A. Lusson. *Paris*, 1846, in-4, 11 pl.

728. Les fontaines de Paris, anciennes et nouvelles, ouvrage contenant 66 planches, par Moisy, avec une description des eaux de Paris servant d'introduction, par Amaury Duval. *Paris*, *Joubert*, 1813, in-fol. br.

729. Recueil des plans, profils et élévations de plusieurs palais, chasteaux, églises, sépultures, grottes et hostels, batis dans Paris et aux environs. Recueil de 100 planches (sans texte), gravées par Jean Marot. in-4 (sans lieu ni date.), veau br.

730. Parallèle des maisons de Paris construites depuis 1830, jusqu'à nos jours, par M. V. Calliat, 2 vol. in-fol. de plus de 200 pl. cart.

731. Les anciennes maisons de Paris, sous Napoléon III, par Lefeuvre. *Paris*, 1856-1861, 59 livraisons in-8, carré.

732. Monuments funéraires choisis daus les cimetières de Paris et des principales villes de France, dessinés et gravés, par L. Normand, 1 vol. in-fol. de 144 pl. rel.

HISTOIRE DES INSTITUTIONS.

733. Mémoires de Pierre de Miraulmont, conseiller du Roy, etc. sur l'origine et institution des Cours souveraines et autres juridictions subalternes encloses dans l'ancien Palais-Royal de Paris. *Paris*, *Abel l'Angelier*, 1584, in-12, reliure bien conservée v. fauve. (*Armoiries*.)

734. Ordonnance de Louis XIV, roi de France et de Navarre, concernant la juridiction des Prévost des Marchands et Échevins de la ville de Paris, du mois de décembre 1672. *Paris, Prault,* 1768, in-24, v. fauve, fil.

735. Remerciement de MM. les provinciaux à MM. les Prévots des Marchands et Eschevins de la ville de Paris sur la glorieuse et triomphante entrée de Leurs Majestez en leur bonne ville de Paris, en vers burlesques. *Paris,* 1660, pièce in-4.

736. Statuts et règlements faits par les maîtres en faits d'armes, de la ville et fauxbourgs de Paris (1644), publ. par M. Henry Daressy. *Paris,* 1867, in-8 de 31 pages, pap. de Holl., br.

737. Mémoires présentés par les fabricants et marchands d'or et d'argent de Paris, publ. par H. Fournel. *Paris,* 1838, in-4, br.

738. Histoire du Parlement de Paris, par Voltaire, 4e édition (édition Baudouin des œuvres complètes de Voltaire). *Paris,* 1827, in-8, dem.-v.

739. Histoire de l'Académie françoise, depuis 1652 jusqu'en 1700, par l'abbé d'Olivet. *Paris, J. B. Coignard,* 1730, in-12, v. br.

740. Histoire de l'Université de Paris depuis son origine jusqu'en l'année 1600, par Crevier. *Paris,* 1761, 6 vol. in-12, v. m.

741. Vr Advielle. Journal professionnel d'un maître de pension de Paris, au XVIIIe siècle. *Pont-Lévêque,* 1868, in-12 de 40 pages, br.

Tiré à 101 exemplaires. Non mis dans le commerce.

742. Prompsault. Histoire de l'hospice des Quinze-Vingts aveugles de Paris. *Carpentras,* 1863, br. in-4°, br., n. coupé (*Épuisé.*)

Seul ouvrage qui ait été consacré à cet antique établissement.

743. Vor Advielle. Biographie de l'abbé Prompsault, chapelain et historien des Quinze-Vingts aveugles de Paris. *Paris, Esprit,* 1862 , 1 vol. in-8 , br., non coupé, portrait. (*Épuisé.*)

744. Mémoires sur les hôpitaux de Paris, par Tenon, imprimés par ordre du roi avec figures en taille-douce. *Paris, Royez,* 1788, in-4. fig. et cartes, cart.

745. Recueil de règlements et instruction pour l'administration des secours à domicile de Paris. *Paris,* 1829, in-4, br.

746. L'origine de l'Imprimerie de Paris, dissertation historique

et critique, divisée en quatre parties, par André Chevilller. *Paris*, 1694, in-4, v.

747. Recueil d'ordonnances, statuts et règlements concernant le corps de la Mercerie. *Paris*, 1752, in-4, v. br. (Armoiries.)

748, Edit du Roy pour le règlement des imprimeurs et libraires de Paris, registré en Parlement le 21 août 1686. *Paris*, 1687. in-4, v. br.

749. Mémoire curieux, historique et intéressant sur la fondation, le patronage et le droit de nomination à la cure de l'église paroissiale de Sainte-Marguerite, au faubourg Saint-Antoine de Paris, prouvée par titres originaux et pièces justificatives, par Me Lescuyer, avocat. *S. l.*, 1738, in-12, cart.

750. Les théâtres. — Lois. — Règlements. — Instructions. — Salles de spectacles, etc., par un amateur. *Paris*, 1817, in-8, broché.

751. Les trois théâtres de Paris, ou abrégé historique de l'établissement de la Comédie Françoise, de la Comédie italienne et de l'Opéra, par des Essarts. *Paris*, 1777, in-8, cart.

752. Précis historique sur les fêtes, les spectacles et les réjouissances publiques, par Claude Ruggieri. *Paris*, 1830, in-8, dem.-rel.

753. Mémoires de Mlle Flore, artiste du théâtre des Variétés. *Paris*, 1845, 3 vol. in-8, br.

754. Les Heures parisiennes, par Alf. Delvau. *Paris*, 1866, in-12, broché, avec 26 eaux-fortes.

Exemplaire du premier tirage.

755. Description historique des prisons de Paris pendant et depuis la Révolution, etc., par S. E. *Paris*, 1828, in-18, dem.-bas.

Tome 1er contenant les notices suivantes : Notice sur Bicêtre. — Sur la Bastille. — Sur la prison de l'Abbaye, et sur les Carmes. — Sur la Conciergerie. — Sur le Temple. — Sur la Préfecture de Police. — Sur l'hôtel Bazancourt. — Sur les Dames de Saint-Michel et sur le couvent de la Madeleine. — Sur le grand et le petit Châtelet.

756. Almanach des Prisons, ou Anecdotes sur le régime intérieur de la Conciergerie, du Luxembourg, etc. *Paris*, *Michel, an III de la République*, in-8, fig. cart., bas.

757. Premier et second Tableau des prisons de Robespierre, pour servir de suite à l'Almanach des Prisons. *Paris*, *Michel*, 2 vol. in-18, fig. br.

758. Les prisons d'un prophète actuel poursuivi par tous les pouvoirs, par M. La Paraz. *Caen*, 1846, in-12, br.

759. La police de Paris, dévoiléepar Pierre Manuel, avec gravures et tableaux. *Paris, l'an second de la liberté*, 2 vol. in-8, dos toile. (*Taché.*)

760. Nouveau dictionnaire de police, précédé d'une introduction historique sur la police, par MM. Elouin, A. Trébuchet et E. Labat. *Paris*, 1835, 2 vol. in-8, br.

761. Dictionnaire, ou Traité de la police générale des villes bourgs, paroisses et seigneuries de la campagne, par Me Edme de la Poix de Fréminville. *Paris*, 1758, in-4, v, mouch.

762. Traité de la Police, etc., à laquelle on a joint une description historique et topographique de Paris, avec huit plans gravés, etc., par Delamare. *Paris*, 1705, 1710, 1719. Avec la continuation, par Le Cler-du-Brillet. *Paris*, 1738, 4 vol. in-fol., v. br. (Avec les 9 plans de Paris à différentes époques et le plan de la conduite des eaux.)

763. Des anciennes fourches patibulaires de Montfaucon, avec plans, et vues et une notice sur les principaux personnages qui y ont été exposés, par A. de La Villegille. *Paris*, 1836, in-8 br., papier vélin br. (*Rare.*)

764. Annales de la cour et de Paris, pour les annéss 1697 et 1698. *Cologne, P. Marteau*, 1701, 2 vol. pet. in-12, v. f.

765. Almanach du Voyageur à Paris, par Thierry, année 1784. *Paris, Hardouin*, in-12 v. marb.

766. Guide des Amateurs et des Etrangers voyageurs a Paris, etc., par Thierry, enrichi de vues perspectives, des principaux monuments de Paris. *Paris, Hardonin et Gattey*, 1787, in-12, 2 vol. bas.

767. Le Voyageur à Paris, ou Extrait du Guide des Amateurs et des Etrangers voyageurs à Paris, etc., par Thierry, huitième édition, année 1790. *Paris*, 1790, 2 part. en 1 vol. in-12, avec plan, v. br.

768. Calendrier historique et chronologique de l'église de Paris, par A. M. Le Fèvre. *Paris, Hérissant*, 1747, in-12, cart.

769. Etrennes françoises, dédiées à la ville de Paris, pour l'année jubilaire du règne de Louis le Bien-Aimé, par l'abbé de Petity. *Paris*, 1766, in-4, maroq. rouge. (*Aux armes de France.*)

On trouve dans ce volume : les blasons armoriés du duc de Chevreuse, gouverneur de Paris, du prévost des marchands, des échevins et de charmantes vignettes et figures allégoriques, grav. par St-Aubin et Gravelot.

770. Almanach pittoresque, historique et alphabétique des riches monuments que renferme la ville de Paris, pour l'année 1779 par Hébert, auteur de l'Almanach des Beaux-Arts. *Paris*, 1779, pet. in-12, v. marb.

771. Les Numéros parisiens, ouvrage utile et nécessaire aux voyageurs à Paris, par D***. *Paris*, *de l'imprimerie de la Vérité*, 1788, in-18, cart.

772. Le Prophète Lustubrelu, ou Almanach contenant ce qui arrivera de singulier et de remarquable à Paris, dans le cours de l'année 1788. *Paris*, 1788, in-18, dem.-rel. toile, n. rog.

773. Singularités historiques, ou Tableau critique des mœurs, des usages et des événements de différents siècles, etc., pour servir de suite aux descriptions de Paris et de ses environs, par J. A. D. (Dulaure). *Londres et Paris, Lejay*, 1788, in-18 cart.

774. Paris. Tableau moral et philosophique, par Eournier-Verneuil. *Paris*, 1826, in-8 cart., dem.-rel.

775. La Grande Ville, nouveau tableau de Paris comique, critique et philosophique, par Ch. Paul de Kock, illustrations de Gavarni, V. Adam, Daumier, etc. *Paris*, 1842, 2 vol. gr. in-8, dem.-v.

776. La capitale des Gaules, ou la nouvelle Babylone. *Imprimé en France chez Va-de-bon-Cœur*, *chantre des armées du roy*, 1760, 2 part. en 1 vol. petit in-12, v. marb.

777. Petite chronique de Paris, faisant suite aux mémoires de Bachaumont, recueil d'anecdotes comiques, galantes, satyriques, etc., par M. M***, année 1818. *Paris*, 1819, in-12, br.

778. Recueil de facéties parisiennes, pour les six premiers mois de l'an 1760 (par l'abbé Morellet). *Genève*, 1760. — Odes et Lettres à M. de Voltaire, en faveur de la famille du grand Corneille, par Lebrun. — Plaidoyer de Ramponneau, cabaretier à la Courtille. — Le Russe à Paris. — Le Pauvre Diable, ouvrages en vers aisés, par Vadé, etc. in-12, dem.-rel.

779. Recueil factice. 1 vol. in-8 cart. Sous le titre de *Bagatelles anonymes*, inscrit au dos du volume, celui-ci renferme: *l'Anneau de Gigès, vérité peut être morale*, 24 pages. — *Le Remède contre l'amour, poème en quatre chants*, 1762, 28 pages.—*Ce qui plaît aux dames*, conte (en vers), 15 pages. — *Bouquet poissard*. 1758, 15 pages. — *Lettre d'une asnesse servant de réponse au mémoire de Jacques Féron pour*

son asne, 12 pages.—*Le Coq-à-l'Asne, ou l'Eloge de Martin Zèbre*, 23 pages.—*Les Chevaux et les Asnes, ou Etrennes aux sots* (en vers), 8 pages. — *L'Hermaphrodite, ou Lettre de Grand jean à Françoise Lambert, sa femme, suivie d'Anne de Boulen à Henri VIII*, etc., héroïde nouvelle en deux idilles, 48 pages.—*Réponse de M. Jérôme, rapeur de tabac à M, Raphaël*. 1769' 32 pages. — *L'Amant malheureux et vengé, et le raccommodement*. — *Poëme sur le tremblement de terre de Constantinople*, etc. 1766, 15 pages. — *Irus, ou le Savetier du coin*, 1760, 23 pages. — *Vieux Almanach nouveau, ou l'Empire du soleil*, par le sieur Vanheck. 1765, VIII pages. — *Lettre de M. Gobemouche*. 1765, 52 pages. — *Complainte de filles auxquelles on vient d'interdire l'entrée de Thuilleries à la brune*, 15 pages. — *Plainte des filoux et écumeurs de bourses à nosseigneurs, les réverbères*. 1769, 16 pages. — *Abrégé de notre univers, etc*. 87 pages.

780. Le ménage parisien (par Rétif de la Bretonne). *Imprimé à La Haye*, 1773, 2 part. en 1 vol. in-12, v. m. (*Rare*.)

781. Diogène à Paris (par Dufour). *A Athènes et à Paris, chez Buisson*, 1787, in-12 br.

782. La nouvelle Athènes. — Paris, le séjour des muses, etc., par Antoine Martial, Lefèvre. *Paris, Gueffier*, 1759, in-12 br.

783. Voyage d'un jeune Grec à Paris, par Hippolyte Mazier du Heaume. *Paris*, 1824, 2 vol. in-8 br.

784. Vins à la mode et cabarets au XVIIe siècle, par Albert de La Fizelière. *Paris*, 1866, in-12, pap. de Holl., br.

Tiré à petit nombre.

785. Recueil de facéties parisiennes. 1760, in-8, v. m.

Mémoire pour le sieur Gaudon, entrepreneur des spectacles sur les boulevards de Paris, contre le sieur Ramponneau, ci-devant cabaretier à la Courtille. — Plaidoyer de Ramponneau. — Le Russe à Paris, poëme. — Le Pauvre Diable, par Vadé. — Les Qand, les Si, les Pourquoi, les Qu'est-ce? etc., etc.

786. Personnages célèbres dans les rues de Paris, depuis une haute antiquité jusqu'à nos jours, par J.-C. Gouriet. *Paris*, 1811, 2 vol. in-8 cart.

787. Paris grotesque, les Célébrités de la rue, par Ch. Yriarte. *Paris*, 1864, in-8 illustré, cart. en toile, tr. dor.

788. Paris, silhouettes, par Clémence Robert. *Paris, L. Jannet, s. d.*, in-8, fig., br.

789. Les Camées parisiens, par Th. de Banville. *Paris*, 1866, in-18 pap. vergé, portrait, br.

HISTOIRE DES ENVIRONS DE PARIS.

790. Voyage pittoresque des environs de Paris, ou description des maisons royales, châteaux etc., par D** (d'Argenville), 4e édition corrigée et augmentée. *Paris, Debure*, 1779, in-12. v. br.

791. Mes voyages aux environs de Paris, par J. Delort. *Paris*, 1821, 2 vol. in-8, br., avec gravures, *fac-simile*, etc.

792. Histoire physique, civile et morale des environs de Paris, depuis les premiers temps historiques jusqu'à nos jours, par J. A. Dulaure. *Paris*, 1825-1826, 7 vol. in-8, fig., et cartes dem.-rel. dos toile.

793. Histoire des environs de Paris, par Touchard Lafosse. *Paris*, 1834, 3 vol.in-8, fig., br.

794. Pièces et anecdotes interressantes, savoir: les harangues des habitants de *Sarcelles*, un dialogue des bourgeois de *Paris*, etc., qui n'ont pas encore éte publiés; — Le philotanus et le porte-feuille du Diable qui en est la suite. — Revu et corrrigé. — (par Jouin). *à Aix-en-Provence, aux dépens des Jésuites*, 2 part. en 1 vol. in-12, v. marb. (*Rare.*)

795. Harangue des habitants de la paroisse de Sarcelles au Roi. *A Aix*, 1733, in-12, n. rel.

796. La vrai Recueil des Sarcelles, mémoires, notes et anecdotes intéressantes sur la conduite de l'archevêque de Paris. Le Philotanus et le portefeuille du Diable, *Amst.*, 1764, 2 vol. in-12, v. f.

Bel exemplaire.

797. Nouvelle description des châteaux et parcs de Versailles et Marly, etc., enrichie de plusieurs figures en taille-douce, par Piganiol de la Force, 4e édition. *Paris*, 1717, 2 vol. in-12, v. brun.

798. Tableaux de la bonne compagnie de Versailles et de Paris, ou anecdotes secrètes, politiques, littéraires et recuillies pendant les années, 1786 et 1787, par M. le Chev. de B**. *Paris*, 1787, in-8, 2 tom. en 1 vol., d.-rel.

799. Paris, Versailles, et les provinces, au XVIIIe siècle. Anecdotes sur la vie privée des ministres, évêques, etc., etc., 3e édition. *Paris*, 1811-1817, 3 vol. in-8, dem.-rel. bas.

800. Le musée de Versailles, ses principaux tableaux, et statues gravés par Réveil; — Vues du parc et du château, dessinées et gravées par Léonce l'Huillier ; — Versailles pittoresque et anecdotique, par Hypolite Hostein. *Paris*, *Audot*, 1837, in-12, avec de nombreuses gravures, br.

801. Histoire du donjon et du château de Vincennes depuis leur origine jusqu'à la chute de Napoléon Buonaparte, par P. à. B. N*** (Nougaret). *Paris*, 1814, 3 vol. in-8, br.

802. Histoire de l'Abbaye royale de Saint-Denys en France, par Félibien. *Paris*, 1706, in-fol. fig., v. br.

803. Voyage de Paris à St-Cloud, par mer, et retour de St-Cloud à Paris par terre. *Paris*, 1762, 2 part. en 1 vol., in-12, v. br.

804. Monographie du palais de Fontainebleau, dessiné par M. R. Pfnor, texte historique et descriptif, par M. Champollion-Figeac, 1 vol. in-fol. de 145 pl., dont 5 en chromolithographie et texte illustré relié.

805. Les Antiquités de la ville et du duché d'Estampes, avec l'histoire de l'abbaye de Morigny, etc., par le R. P. D. Basile Fleureau. *Paris*, 1683, in-4, v. br.

806. Histoire de l'église de Meaux, par Dom Toussaints du Plessis. *Paris*, *Gandouin*, 1731, 2 vol. in-4, v.

807. Histoire de Melun, par Sébastien Roulliard. *Paris*, 1628, in-4, parch. (*Rare.*)

Arras. — Imprimerie Schoutheer.

www.ingramcontent.com/pod-product-compliance
Ingram Content Group UK Ltd.
Pitfield, Milton Keynes, MK11 3LW, UK
UKHW020351180726
13839UKWH00003B/1023

9 782329 537016